El sistema filosófico de Espinosa

Miguel Rodríguez de Peñaranda

El sistema filosófico de Espinosa

Miguel Rodríguez de Peñaranda

© Miguel Rodríguez de Peñaranda
El sistema filosófico de Espinosa

Diseño de la portada: Leticia Rodríguez de Peñaranda
Potlach-ediciones
Direcciones postales y electrónica: Apartado de Correos 315, 38200
San Cristóbal de La Laguna. Santa Cruz de Tenerife. Canarias.
www.potlatch-ediciones.com
potlatch.kl@gmail.com

ISBN Libro en papel: 978-84-685-6516-3
ISBN eBook en PDF: 978-84-685-8004-3

Impreso en España
Editado por Bubok Publishing S.L.

Índice

Introducción

En el Proemio a *Filosofía y Revelación* (Manuscritos, 2021) hice una referencia apresurada al modo insatisfactorio en que Espinosa trata la cuestión de la relación entre la una y la otra en su *Tratado Teológico-Político*. Dado el papel central que juega este autor en la historia de la filosofía moderna, se impuso la necesidad de la relectura –la tercera, cosa que no he hecho con ningún otro libro de filosofía, que yo recuerde– de la *Ética demostrada según el orden geométrico* para así ahondar en lo que hay involucrado en este momento filosófico de primer orden que, por un lado, nos retrotrae a la filosofía clásica precristiana, por otro nos obliga a atender la metafísica propiamente cristiana (o judía), y que, por último, nos catapulta al materialismo moderno. Por ello también hemos repasado algunas obras del materialismo filosófico contemporáneo de cara a Espinosa, empezando por la de su traductor al español, Vidal Peña García, *El Materialismo de Spinoza*, pasando por *La Sinagoga Vacía* de Gabriel Albiac, y como colofón acabando con la obra última de Gustavo Bueno, *El Ego Transcendental*.

La redacción de *Filosofía y Revelación* había dejado algunos rescoldos acerca de la cuestión –tratada en el Satélite II, o *Materialismo, Gnosticismo e Intersubjetividad*– de la autoridad y la potestad en la obra espinosiana. No obstante, este tema, como el de la filosofía vs. revelación, no podía discutirse sin acudir al esqueleto de su sistema filosófico delineado en la *Ética*, de modo que sólo abordaremos estas dos cuestiones una vez recorrida la exposición del sistema espinosiano bajo la luz del nuestro propio. El presente opúsculo da por asimilado el prisma esbozado en *Filosofía y Revelación*, a partir de cual se aportará una crítica (materialista) no sólo al sistema de Espinosa sino también al conocido materialismo filosófico de Gustavo Bueno y la Escuela de Filosofía de Oviedo. Aunque puede leerse de modo independiente, tanto las fuentes como los frutos filosóficos de los tres ejes (*estadios*, *dimensiones*, *lados*) que utilizamos como mapa filosófico seguramente no pueden comprenderse del todo sin la lectura de la obra mencionada, que por otro lado ahora se ve complementada con este texto.

No entiendo mi propuesta y el sistema del materialismo filosófico de Gustavo Bueno –que Vidal Peña sigue para su enjundiosa exposición de la filosofía de Espinosa, tanto en sus notas a la *Ética*, como en la obra mencionada más arriba– como dispares. A mi juicio, lo que se precisaría más bien es una reorganización de las coordenadas del mapa, y, como consecuencia, la potencial inclusión de materiales que no habían sido considerados o que habían sido despreciados en buena parte hasta la redacción de *El Ego Transcendental*. La idea pues sería reconfigurar el marco filosófico para dar cabida a todo lo que hay implicado en la realidad en primer lugar, por supuesto, pero también en las propias observaciones de Bueno en esta última obra suya. Con todo, el foco del presente escrito recaerá sobre la obra de Espinosa, sin duda un antecedente capital del materialismo contemporáneo, pero que, dado lo acendrado y pulido, además de anodino, de su propuesta, merece estudiarse por sí mismo. En otras palabras, me propongo determinar hasta qué punto la propuesta de Espinosa alcanza las cotas adecuadas, a día de hoy, del materialismo filosófico, prosiguiendo con intentos ulteriores como el de Bueno.

Nuestra intención no es una exégesis comprehensiva de la *Ética* o del *Tratado Teológico-Político*, sino la crítica de algunos de sus momentos fundamentales así como de otros comentarios que suscitó bajo el prisma del sistema filosófico que hemos adoptado y que, como ya he señalado en otras ocasiones, es esencialmente el propuesto por Ken Wilber aunque modificado en algunos puntos. Pese a quedar consignada en la escueta bibliografía final, quisiera mencionar ahora que para esta revisión he manejado la versión española de la *Ética* publicada en 2007 por la Editorial Tecnos, como dije traducida e introducida por Vidal Peña García y anotada por Gabriel Albiac, a cuyas observaciones e intuiciones me referiré en alguna ocasión.

Capítulo 1
En el principio era Dios

Dado que la *Ética* ha sido comentada, criticada y alabada hasta la saciedad –aunque según parece no demasiado leída en los dos primeros siglos tras su composición, pese a las reacciones virulentas que despertó; un caso, bastante frecuente por lo demás, de influencia postrera sin verdadero conocimiento, más bien basada en el rumor– resulta difícil atinar por dónde empezar, cómo justificar otro repaso, y en qué sentido habría de ir encaminado.

Así, quizá proceda comenzar, sin más miramientos, por el mismo lugar del que partió el propio Espinosa en la *Ética*: Dios. Y de este modo nombrando una obviedad de fertilidad prácticamente inagotable: el propio término oculta una tensión dialéctica, no siempre desplegada en toda su extensión, proveniente por un lado de la tradición judeocristiana en que se enquista, y, por otro, del uso que le da Espinosa. En suma, lo que la designación 'Dios' mostraría a la vez que escondería es hasta qué punto se tiene en cuenta lo transcendente.

Entiendo lo transcendente no como hipóstasis –aunque habría razones para utilizar mayúsculas para designarlo–, y mucho menos como persona, sino, en principio, como superación inherente a todo momento y ocasión. Lo transcendente es ubicuo; no hay nada –ni nadie– donde no aparezca, y por lo tanto puede legítimamente escribirse con mayúsculas, sin, repito, que eso signifique una suerte de personificación mítica –aunque podría presentarse así, llegado el caso–, ni tampoco que se entienda al modo metafísico transcendentalista, allí donde permanece hipostáticamente supremo –aunque también podría presentarse así, llegado el caso–. Asigno pues lo transcendente al *lado* de dentro de cada instancia, que es el motor del ascenso a lo largo de una serie de *estadios* (cuyo fin desconocemos pero cuya finalidad podemos constatar [sobre el asunto de la teleología en Espinosa habremos, naturalmente, de volver]; lo que significaría que lo transcendente *no es* el estadio último superior, que es como lo ha planteado siempre el pensamiento metafísico), y en cualquier *dimensión* (que equivale a lo que el materialismo filosófico de Bueno denomina 'géneros de materialidad').

Aunque esto exigiría mayor esclarecimiento, la localización de lo transcendente en el lado de dentro puede resultar equívoca, pues lo transcendente es eso, transcendente, y podría emplazarse también en el lado de fuera (que es el lado reflexivo, del pensamiento), toda vez que la reflexión suponga una superación. Como tendremos la oportunidad de ver en el capítulo 7, éste es por ejemplo el modo en que Gustavo Bueno enmarca el Ego Transcendental: como un momento transcendente anclado en el lado de fuera, no en el de dentro. La naturaleza de lo transcendente supone empero justamente que, en el momento de decirse o intentar atraparse, ya no es.

De momento démonos por satisfechos con estas burdas pinceladas. Iremos desglosando sus aristas según avance la discusión.

Lo que es decisivo notar en este punto es que Espinosa no tiene en cuenta lo transcendente de un modo manifiesto y palpable, si bien rastros suyos se detectan por doquier, también en su sistema, pues en el fondo es imposible que sea de otro modo. Por retornar a Dios: la deslumbrante, compacta y audaz ecuación Dios=Naturaleza espinosiana consigue por un lado un grato retorno a la realidad como materia tras un largo periplo de transcendentalismo metafísico, donde la materia era considerada el escalafón máximo de la degradación (tanto en el paganismo, empezando por Platón, como en el cristianismo, que la adoptó), pero por otro lado también encubre lo transcendente en cuanto tal.

Dicho de otro modo, aunque Espinosa elabora un sistema que no quiere considerar lo transcendente, dado que su ocultación no es posible acaba siempre por asomar, si bien de modos difíciles de advertir porque encajan con el planteamiento metafísico tradicional, que es cómo, aún hoy, se suele enmarcar 'lo transcendente'. Como veremos también, la cuestión de lo transcendente –en conexión, por supuesto, con lo inmanente– está íntimamente ligada a la relación entre la autoridad y la potestad. Ésta sería una de las razones por las que en Espinosa –aquí siguiendo llanamente a Hobbes– esta distinción clave para la filosofía política europea tiende a difuminarse y casi hasta borrarse por completo. Precisamente en la medida en que lo transcendente se funde con lo inmanente, que era el modo radical –y arriesgadísimo– de salir del pensamiento metafísico, también el poder se funde con la autoridad, uno de los factores principales que coadyuvan a la instalación del estado[1].

El resultado de esta fusión es quizá aún más paradójico de lo que parece, y en un sentido que afecta al materialismo filosófico tal como ha sido expuesto por Bueno, puesto que no considerar lo transcendente (en general, pero específicamente en el modo indicado más arriba, como lado siempre presente a lo largo de todos los estadios del desarrollo, y en las cuatro dimensiones de la realidad [subjetiva, intersubjetiva, objetiva e interobjetiva]) implica distorsiones o reducciones de la realidad material que un buen mapa filosófico no puede permitirse. Dado que a Espinosa suele considerársele un soberbio materialista y quizá incluso insuperado en la claridad con que delinea los principios y contornos a partir de los cuales podría elaborarse una postrera filosofía materialista, esta cuestión se nos antoja capital.

Nosotros partimos de la idea de que no procede una contraposición excluyente entre lo transcendente y lo inmanente, sino que más bien es preciso reconocer sus direcciones propias y transitarlas hasta el final, por muy contradictorias que parezcan allí donde se entrecruzan (las líneas paralelas sólo existen en el mundo ideal de las matemáticas). Supongo que por esta razón mi planteamiento no recabará amistades ni en el flanco aún apegado a los antiguos sistemas metafísicos –que sin duda resienten todavía el latigazo de Espinosa, tan insultante para ellos como refrescante para otros, entre los que me encuentro, y en que se basa, a mi juicio, *lo mejor* de la modernidad–, ni en el flanco materialista, toda vez que existe aún una resistencia – formulada de muy diversas maneras– a aceptar lo transcendente como ínsito a la realidad allí donde posemos la mirada.

---

[1] Acerca de qué entendemos por estado, cfr. los últimos artículos de *El Diluvio Universal V*; 'Del estado', perteneciente a *El Diluvio Universal VI*; así como *Filosofía y Revelación*, en especial su Satélite III, *Estado, Evolución y Apocalipsis*.

Volviendo a 'Dios' como principio de discusión de la *Ética*, es preciso constatar en primer término el débito de Espinosa a la tradición monoteísta. Elección, como decíamos, tan acertada (como confrontación al planteamiento metafísico de su Idea) como confusa (al dejar de lado lo transcendente y por tanto esquilmar uno de sus atributos esenciales). Es decir, visto con retrospectiva, si uno quiere plantear un sistema filosófico materialista, habría que prescindir de Dios sin más, como sucede por ejemplo en el budismo. Habría de hecho que desentenderse de toda hipostatización de la Naturaleza o de la Sustancia (como, de nuevo, también hace el budismo). En virtud de la preservación del término Dios, la solución de Espinosa consiste en la fórmula Dios=Naturaleza=Realidad=Sustancia, eterna e infinita por tanto y con infinitos posibles atributos, que a su vez tienen (en su determinación) infinitas causas; solución que implica contradicciones insalvables.

Aunque no es un dato filosófico bien conocido, en parte porque en la tradición occidental apenas se ha estudiado, y en parte porque, cuando se ha estudiado, se ha hecho casi siempre de un modo deficiente, el budismo, siguiendo una línea similar a la del escepticismo pirrónico (aunque más sutil y acabado[2]) ejecutó un proceso demoledor de desustanciación de la propia idea de sustancia, arribando a una concepción conocida como de la originación (o causación) dependiente, que por otro lado es tan espinosiana[3]. Ahora bien, el budismo primitivo, el de Siddhartha Gautama –y siglos después, tras su pronta distorsión, de Nāgārjuna–, no es absolutamente negador de la sustancia, lo cual sería una especie de sustanciación pero en el otro extremo, sino que mantiene una vía media mediante la *epojé* o suspensión del juicio según la cual no puede decirse que existe ni que no existe la sustancia (ni ambas ni ninguna, el famoso *tetralemma* escéptico;

---

[2] Para una vasta tematización de este asunto, cfr. mi *El budismo: una perspectiva histórico-filosófica* (Ed. Kairós, 2012).

[3] Como escribe Vidal Peña en un trabajo que examinaremos con cierto detalle posteriormente, «Causa y Ratio son muy a menudo aproximados por Espinosa» (*El Materialismo de Espinosa*, pág. 177), que es exactamente la posición budista.

en el budismo, el sánscrito *catuṣkoṭi*), sino que, precisamente, es siempre originada dependientemente.

Por su parte, Espinosa conserva una idea de Sustancia infinita y eterna, con infinitos y eternos atributos, que, en tanto que única, roza de continuo la contradicción con lo que es manifiestamente una teoría de la causación materialista tan completa y minuciosa como, ante todo, plural[4]. La causación o el proceso causal en la realidad material, no metafísica, implica necesariamente la desustanciación. La idea de una sustancia única y a la vez infinita y eterna parece más bien un complicado tirabuzón que implicaría, como señala Vidal Peña, dos fases: una primera que arranca con la Sustancia Única, para después, en un segundo momento, centrarse en la pluralidad causal de la realidad misma.

Podría decirse pues que en Espinosa no encontramos ni una defenestración completa de la idea de sustancia ni tampoco de la de Dios, de tal modo que, en el primer caso, no sea preciso unificar la realidad en primera instancia –lo cual habría que considerar un movimiento típicamente metafísico–, como tampoco, en el segundo, permite la entrada de lo transcendente, como Revelación (no necesariamente en forma de *mythos*, como sucede en la Biblia). Esto último facilitaría, a su vez, la posibilidad de una noción cabal de Cristo, entendido como como unidad de –que también divide o separa– lo divino y lo humano, que es la cruz de la Gran Alternancia entre los dos lados.

En la Proposición XV de la Parte I, que implica el punto decisivo de la negación de la Creación, se muestra cómo el manejo de la idea de Dios empuja a realizar afirmaciones absolutas acerca de lo primero o lo último. Algo así no sucede con la una idea de la originación dependiente correctamente entendida, pues aquí, desde el comienzo, tal cuestión se mantiene en suspenso debido al reconocimiento de que jamás podrá llegar a conocerse con certeza nada referente a ello. De acuerdo con Espinosa, si la sustancia es eterna e infinita, y es una, resulta imposible que la sustancia cree nada, puesto que algo así constituiría otra sustancia, lo cual supondría una contradicción. Pero

---

[4] En este sentido es imposible no estar de acuerdo con Vidal Peña en que calificar a Espinosa de monista o de panteísta constituye un desatino. Cfr. su Introducción a la *Ética*, pág. 52, ed. cit.

aquí mora una tensión (explosiva) entre la unicidad de tal sustancia y la pluralidad y transformación inescapable de todo lo que sucede en ella. Sería a esto último donde Espinosa desea llegar, pues es la comprensión racional de las causas concretas que determinan las cosas – causas inasumibles por una unidad ulterior o superior– lo que conduce, en principio, a la libertad[5].

Además, el planteamiento espinosiano, víctima sin quererlo de un cierto absolutismo, no consiente la metáfora o sentido metafórico (poético) de la Creación. Como corrector metafísico, es decir, allí donde la metáfora quiere pasar por aserto racional, esta serie primera de proposiciones es insuperable, y en ello radica a nuestro juicio lo mejor de la modernidad, que Espinosa expresó mejor que nadie con su ataque en plena línea de flotación a la metafísica, a saber, a la traslación del *mythos* bíblico a llanas aserciones racionales, desnudadas lúcidamente en el *Tratado Teológico-Político*. Ahora bien, ello no significa ni mucho menos que el *mythos* deje de apuntar a alguna verdad, y de hecho el propio Espinosa recurre a su uso en ocasiones. Entre otras cosas, un *mythos* de la Revelación como el bíblico apuntaría a la idea de que lo transcendente jamás puede subsumirse en lo inmanente.

Tanto en la forma en que Espinosa aún depende de cierto unitarismo –que no sería tampoco monismo, pues, como vio excepcionalmente Levinas, la infinitud no da pie a la totalidad–, al menos al comienzo de su andadura –que luego, como señalaba Peña, habrá de desandar–, como en lo que respecta a la expulsión de la metáfora, se produce el mismo resultado. En ambos casos hay una grieta. En el primero, el resquicio de apelar a una sustancia única que luego de algún modo se niega, puesto que la idea de causación implica diferenciación y pluralidad. En el otro, una negación de un tipo de expresión que después podría valerle para explicar en qué consiste su tipo de conocimiento *intuitivo*.

Se alcanza así una coherencia cuasi-máxima, pero no completa, como sucede en la originación dependiente, en el discurso racional

---

[5] Decimos 'en principio' porque Espinosa introducirá también, algo misteriosamente, un tipo de conocimiento directo de Dios que no es el racional-causal concreto, sobre el que discurriremos más adelante.

del lado de fuera, que supuso un revulsivo entonces al modo metafísico de pensamiento en tanto que plagado de transcendentalismos o simples traslaciones del mundo del *mythos* al mundo del *logos*. Aquí estaría ubicado por ejemplo el cristianismo, máxime a partir de la concepción nicena de la Trinidad que de modo simultáneo antropormiza a Dios y diviniza a un hombre singular, cosa que con razón no acepta el judaísmo implícito de Espinosa.

La *Ética* realiza, en fin, una depuración de todo elemento mítico o metafórico en el discurso racional a costa sin embargo de extirpar la manifestación ubicua de lo transcendente. La originación dependiente no tiene que preocuparse por estas expurgaciones o ambigüedades, porque, al haber dejado suspendida toda especulación acerca de lo último, deja espacio tanto a la noción de transcendencia como al uso conveniente de la metáfora como modo de apuntar a cierto lado de la realidad. Es como si en la obra de Espinosa se encontrase un exceso inmanentista precisamente por la supervivencia de un poso transcendentalista oculto y desapercibido.

Por ejemplo, en los tres Corolarios de la Proposición XVI, todavía en la Parte I, se ve hasta qué punto la racionalidad no ha alcanzado el punto álgido de la originación dependiente y la vía media, sujetándose a Dios (que es causa eficiente de todo, causa primera, etc.), y ello sin menoscabo de constantes movimientos anti-metafísicos brillantes (como, por ejemplo, contra Tomás de Aquino) en el Escolio a la Proposición XVII: «ni el entendimiento ni la voluntad pertenecen a la naturaleza de Dios». La Proposición XXVIII contiene, es verdad, la idea de la originación dependiente, pero en el *ad infinitum* (regresión o progresión) Espinosa no percibe la *epojé*, sino que antes bien metafísicamente apela a Dios (causa primera), que, por otro lado, anti-metafísicamente, no está separado del mundo sino que es su misma existencia. Acaso de ahí proviene la confusión, en el Escolio a esta Proposición, acerca de la 'proximidad' o 'remotidad' de un efecto con respecto a Dios.

Capítulo 2
Los tres ejes en la *Ética* (I)

Del sistema de la *Ética* puede decirse que, en el *eje de las dimensiones*, en correspondencia con Descartes y en general con la filosofía moderna, de las cuatro que hoy podemos colegir (subjetividad, objetividad, intersubjetividad e interobjetividad; es decir, singular interior, singular exterior, colectiva interior y colectiva exterior), Espinosa se reduce a dos: la subjetiva y la objetiva, la *res cogitans* y la *res extensa*. Espinosa no niega que pueda haber otras (que llama atributos), pero su exposición se limita a estas dos pese a que se presente en algunos momentos el trasfondo de su concepción política, la cual difícilmente puede encajarse en una de estas *res* sin desvirtuarla, pues pertenece a lo intersubjetivo. Más aún, como veremos en el capítulo correspondiente, el *Tratado Teológico-Político* contiene la distinción más nítida concebible entre la intersubjetividad y la objetividad, pero la intersubjetividad nunca es traída filosóficamente a su sistema (cosa que, a decir verdad, no ha sucedido hasta hace bien poco en la historia de la filosofía).

En el *eje de los estadios*, podría afirmarse que, de un modo parecido a lo que establecíamos con respecto a lo transcendente, los estadios tampoco aparecen como parte integrante del sistema sino en todo caso de un modo oculto. Ello sería lógico toda vez que la transcendencia implica un crecimiento y una jerarquía, y en tanto que Espinosa, siguiendo aquí a Descartes y Hobbes, quiere restringirse racionalmente al mecanismo. No es que Espinosa niegue expresamente tal jerarquía: simplemente apenas considera este aspecto, con la excepción de una referencia, bastante insuficiente pero en todo caso patente, a unos 'grados de perfección'[6].

Y, finalmente, en lo concerniente al *eje de los lados*, podría decirse que sí aparecen en su sistema a través de sus célebres 'naturaleza naturada' y 'naturaleza naturante', pero lamentablemente no entra en ellas con asaz hondura o extensión.

Como arma anti-metafísica, racional, el sistema de Espinosa es sumamente incisivo e inspirador, pero de paso también arrebata a la metafísica sus puntos fuertes. La metafísica es intensamente jerárquica, tanto que los estadios cobran un estatus ontológico definitivo, y, puesto que no distingue aún bien entre las dimensiones, colapsa las dimensiones exteriores (objetiva e interobjetiva) en el estadio inferior de la Materia. (Las dimensiones interiores, como las exteriores, tienen su propia jerarquía de crecimiento). Pero la indistinción entre las dimensiones y la intensificación ontológica de los estadios en la concepción metafísica no significa que ésta carezca de valor, a saber, que los estadios no existan, que es la exageración moderna (mecanicista, fisicalista) por antonomasia. Asimismo, los lados de la alternancia (dentro y fuera) acaso no aparecen en ningún lugar como en Cristo (naturaleza divina y humana unidas y a la vez separadas), núcleo de la metafísica cristiana (si bien a condición de que sigamos la definición de Calcedonia, que trata de naturalezas antes que de personas, y siempre que desmenucemos la Trinidad hasta quedarnos con su aspecto dimensional y lógico, desprovisto de la mezcolanza mítica de las personas que obliga a Cristo [eje de los lados] a insertarse en el eje de las dimensiones mediante la más que cuestionable idea de que solamente una persona concreta, y no la naturaleza hu-

---

[6] El Escolio de la Proposición I, Parte II, implica que hay una escala de perfecciones (o de necesidades, puesto que para Espinosa la realidad es perfección), pero ni está desarrollado ni se indica cómo encaja con el resto del sistema. Aun a veces parece incluso negarla, pues una gradación tal abriría la cuestión de la creación (o creatividad) y por tanto de lo transcendente. Es decir, obligaría a elucidar la Gran Alternancia entre lo ya-mismo y lo todavía-no. En todo caso sí puede decirse que entraba dentro de sus cálculos, como también en la 'jerarquía de los modos' que ofrece a Schuller en la Epístola LXIV (cfr. nota de Vidal Peña en pág. 95, ed. cit.).

mana al completo, vive en la franja de lo divino)[7]. Tal vez por la intensidad jerárquica de la metafísica, y por el modo mitificante en que se escuda, Espinosa se inclinó hacia una reacción en la forma de ignorar el problema del crecimiento y el hecho comprobable tanto en lo moral como en lo político, en lo personal, o en lo tecnológico, de que hay cosas mejores que otras, es decir, que se escalonan en estadios o en 'grados de perfección'.

Veamos con más detalle cómo se presentan los tres ejes mencionados en algunos puntos clave de la *Ética*. En este capítulo nos detendremos en los *lados*, los *estadios* y la cuestión de la teleología, y en el próximo capítulo nos fijaremos en las *dimensiones* y la cuestión política.

El Escolio de la Proposición XXIX de la Primera Parte contiene la referencia clásica a la *natura naturans* y la *natura naturata*. Su breve

---

[7] Permítasenos un breve excurso a este respecto. La Proposición X de la Parte II, por ejemplo, plantea sin quererlo el problema cuando establece que «a la esencia del hombre no pertenece el ser de la sustancia, o sea, no es una sustancia lo que constituye la forma del hombre», puesto que, por un lado, la proposición manifiesta la miseria y la casualidad natural de todo lo humano, mientras que, por otro, de un modo mucho más enfático que en la metafísica cristiana, que adjudica la divinidad solamente a una persona humana concreta (mitificada, evidentemente), revela su divinidad en tanto que, como se elaboró ampliamente en la Parte I, sólo existe la Sustancia, que es Dios. Es decir, de acuerdo con este planteamiento, el Hombre carece de sustancia y sin embargo es Dios. De nuevo, se trata de una tensión entre los dos *lados* no del todo admitida en el sistema espinosiano pero que en la idea de Cristo según el Concilio de Calcedonia es manifiesta. Es de notar que, en todo caso, Espinosa no produce una demostración propiamente dicha de que el Hombre no existe; aquí se trata simplemente de una pura derivación de que sólo Dios existe. También ha de repararse en que el principio del Escolio de esta Proposición resulta insostenible, puesto que supone una sustancialización de la Causa Primera poco a la altura de su propio sistema: «Todos deben conceder, en verdad, que sin Dios nada puede ser ni concebirse. Pues todos reconocen que Dios es la única causa de todas las cosas, y tanto de su esencia como de su existencia». Se trata de un Escolio clave para comprender hasta qué punto Espinosa aún se debe al dualismo naturaleza divina/todo-lo-demás, que le permite hipostasiar filosóficamente a Dios en lugar de admitir la Revelación entendida como lo transcendente.

descripción dista mucho de ser clara o, más aún, de informarnos acerca de cómo encaja con lo tratado hasta el momento, pero es plausible que apunte a algo así como lo que he llamado la Gran Alternancia entre los lados: el lado creativo, de dentro, en-Dios, y el lado cristalizado, de fuera, humano. Sin ir más lejos, en la Proposición XXXI se decreta que el entendimiento activo (humano) sólo puede estar referido a la naturaleza naturada, nunca a la naturante. De este modo comprobamos que hay una partición de ángulos o caras en el seno de la Naturaleza, o, a saber, que también en el sistema de Espinosa la alternancia es necesaria: por un lado, todo es perfecto y necesario (*a posteriori*, lado de fuera), pero, por el otro, seguimos evolucionando. Por un lado, conocemos; por el otro, todo –dada, presumiblemente, su naturaleza eterna e infinita– permanece ignoto. Lamentablemente, la cosa se queda más o menos ahí; no podemos avanzar mucho más en cómo se relacionan ambas *natura* o dónde se sitúan en relación con el resto del cuadro[8].

La introducción de la idea de que en la Naturaleza existen dos lados tales como el creativo y el cristalizado (naturaleza naturante y naturada) está íntimamente ligada a otro de los núcleos de la propuesta espinosiana, a saber, su impugnación de la teleología o de las causas finales para centrarse exclusivamente en las causas eficientes—impugnación que no es original de Espinosa sino que proviene de Descartes, siendo una consecuencia lógica del mecanicismo filosófico. La negación de la finalidad sería un giro eminentemente racional allí donde nos limitamos a constatar lo que ha sucedido y lo aceptamos como necesario, sin inyectar (metafísicamente) *deseos* de

---

[8] La Proposición XXXI enuncia: «El entendimiento en acto, sea finito o infinito, así como la voluntad, el deseo, el amor, etc., deben ser referidos a la Naturaleza naturada, y no a la naturante». Es decir, el entendimiento es parcela del lado de fuera (inmanente), nunca del lado de dentro (transcendente). En su nota al pie de la pág. 101 Vidal Peña indica acertadamente: «Spinoza habla de un solo sistema modal del Pensamiento, pero 'Pensamiento' tiene dos sentidos, 'en-Dios' y humano». Asimismo, en su nota a la Proposición XXIV de la Parte II, Peña atina en que la concepción espinosiana apunta al todo-parte como elemento constitutivo de la realidad (el 'holón' de Arthur Koestler, que luego adoptaría Wilber), desmarcándose así tanto del holismo como del atomismo.

otra cosa, que no hacen sino distorsionar la realidad, que al fin y al cabo es Dios[9]. Éste es el objetivo del deslumbrante Apéndice final a la Parte I; una prodigiosa purga de residuos metafísicos, es decir, de intromisiones de un *mythos* logificado, en la idea de finalidad. No obstante, Espinosa no parece percatarse de que esta criba es aplicable solamente a la naturaleza naturada y no a la naturante, en tanto que esta última, en rigor, es creativa y no puede conocerse de antemano. Es decir, la negación de la finalidad, que tiene un momento preciso en la actividad del pensamiento desplegado en el lado de fuera (naturaleza naturada), oculta que en el lado de dentro, creativo y engendrador, divino, actividad de Dios, está operando un sentido enderezado hacia mayor complejidad, profundidad y densidad. No puede concluirse a partir de ello que el *telos* esté predeterminado, como sucede en la metafísica, que pretende saber el final (como si supiésemos, al cabo, lo que es Dios), pero sí podría constatarse que hay un *telos*, un fin, que, es verdad, solamente podemos reconocer *a posteriori*, pero que está empujado por lo transcendente e inscrito en el lado de dentro o naturaleza naturante. En verdad, la expresión 'podría constatarse' mentada antes suena demasiado vacilante: el *telos* es una exigencia en este lado. Es absolutamente inconcebible un aserto, cualquiera, que no contenga una ambición de verdad y por tanto un sentido hacia lo mejor o lo óptimo, independientemente de cuán destructivo pueda llegar a ser o cuántas dosis de ironía contenga. Ahora bien, en tanto que nos situamos en el lado de dentro, es decir, frente a la eternidad del Instante, que lo comprehende todo, no hay posibilidad de un *telos*, y cabe pensar que Espinosa también estaba pensando en estos términos, aunque nunca dibujase la distinción entre lo uno y lo otro.

De este modo, negar la teleología no es ni puede ser la última palabra, sino solamente un lado de la cuestión. Y, toda vez que admitimos que existe un *telos*, hemos de reconocer asimismo la existencia de unos estadios escalonados en el proceso de la vida en numerosas líneas, dominios o dimensiones; en realidad, allí donde decidamos

---

[9] Se trata de un debate crónico en la historia de la filosofía, pues es la línea central del ataque de Hegel al idealismo de Kant, basado en un deber (ser), anterior al ser, cuya prioridad reclama el primero.

detener nuestra atención. (Tanto los *lados* como los *estadios* como las *dimensiones* son constitutivos de la realidad y están allí donde posemos la mirada).

No puede decirse que Espinosa haya dejado demasiados rastros a este respecto, cosa que ha heredado el materialismo filosófico moderno o contemporáneo. En este último caso, por ejemplo la obra de G. Bueno, en ciertos momentos se habla de estadios de crecimiento (como en los estadios de la religión examinados en *El Animal Divino*, coincidentes a grandes rasgos con las elaboraciones de muchos otros autores), pero es raro que el eje de los estadios esté intersectado en su discurso acerca de cualesquiera temas, como si éstos no tuviesen ahí lugar o no fuesen relevantes. Aparte de que el mecanicismo típico de la lógica moderna anti-metafísica es alérgico a la profundidad, pues ésta no puede medirse cinemáticamente, una de las razones por las que los estadios no aparecen demasiado en su esquema es que su introducción implica que nuestra propia concepción se verá superada más tarde o más temprano; y, más concretamente, que existen – potencialmente, al menos– estadios por encima de aquellos en los que nos situamos nosotros. Este tope inconsciente no puede aplicarse a Espinosa, quien, pese a todo, dejó la puerta entreabierta a lo trascendente con la *natura naturans*, así como a estadios superiores a la razón mediante su tercer tipo de conocimiento, sobre el que volveremos más adelante. Aunque los estadios no tienen apenas presencia en la *Ética* en el sentido de que no hay nada que apunte en ella a una concepción estratificada, sí encontramos referencias, aquí y allá, por ejemplo hacia el final del susodicho Apéndice de la Parte I, a un escalafón de perfecciones que Espinosa parece dar por bueno[10]. No

---

[10] Además del momento ya señalado anteriormente (nota 6) y en el texto principal, en el Escolio a la Proposición I de la Parte II escribe Espinosa: «Cuantas más cosas puede pensar un ser pensante, tanta más realidad o perfección concebimos que contiene». Esto implica la existencia de una escala evolutiva en el sentido del descubrimiento que hace cada vez más compleja la realidad tanto del cuerpo como del pensamiento. Y ello supondría, a su vez, la primacía o superioridad del Hombre, que, según Gabriel Albiac, no tiene lugar en Espinosa. En la nota 8 al Axioma I de la Parte II (que dicta: «La esencia del hombre no implica la existencia necesaria, esto es: en virtud del orden de la naturaleza, tanto puede ocurrir que este o aquel

obstante, se trataría de un orden evolutivo que, antes, en su crítica a la metafísica, había desdeñado como 'imaginativo' y 'no racional', lo que apunta a que éste es un eje no pensado con la exhaustividad requerida. Acatarlo, empero, resulta inevitable—incluso si no se hubiese advertido previamente la actividad de una naturaleza naturante acerca de la cual no sabemos ni podemos saber nada.

No podemos escapar ni de la alternancia ni de la finalidad. Por centrarnos en la cuestión del sentido del Hombre a que nos referíamos en la nota al pie anterior (10), si es verdad que por un lado resulta imprescindible una liberación o purificación de todo sentido preconcebido (metafísico) que estrecha las posibilidades de la Naturaleza y que constituiría por supuesto mera proyección de nuestros deseos o fantasías, por otro lado tampoco es posible una negación taxativa de tal sentido –como en el positivismo más craso–, aunque sólo sea porque tal negación lleva ya inscrito un *telos* no positivo sino tentativo hacia la verdad, pero sobre todo porque el crecimiento –en todas las dimensiones de la existencia: subjetiva, intersubjetiva, objetiva, interobjetiva– es perfectamente real y comprobable a no ser que uno quiera vendarse los ojos, que por desgracia es lo que ha hecho con frecuencia el materialismo. Por ello, el modo en que Espinosa pulveriza la ilusión proyectiva a 'Dios' de nuestros deseos –que sería la concepción religiosa de fases pre-racionales, mágicas o míticas– resulta tan magistral como indeleble. Pero de ahí jamás se derivaría una concepción general del azar, sin lado de dentro y sin *telos*, que no se adecúa en absoluto a tantos fenómenos en cualquiera de las dimensiones[11].

___

hombre o exista o no exista») Albiac indica que «para Spinoza, los hombres son cosas entre cosas» y que «no es legítimo atribuirles ningún tipo de preeminencia ontológica», cosa que, nos parece, no se sigue del Axioma citado.

[11] Según Vidal Peña (pág. 108, ed. cit., nota al pie), de acuerdo con Espinosa «está menos alejada de la verdad la idea de un Dios caprichoso que la idea de un Dios ordenador según fines». Esto es verdad en cierto sentido, pero depende de qué se entienda por *telos*, es decir, del grado de antropormifización (o mitologización) de Dios, y por supuesto depende de qué connotaciones filosóficas se otorgan al azar. Especialmente en el Apéndice de la Parte I se observa cómo la crítica teleológica de Espinosa va dirigida al

El Prefacio de la Parte IV es también de una claridad pavorosa a este respecto, por cierto que excelentemente acotado por Gabriel Albiac. Pero aquí pasa lo mismo que antes: la cuestión de la imperfección/perfección o del mal/bien –que, a la postre, responde a una teleología y unas causas finales– no puede despacharse sin haber notado los estadios del crecimiento, que es donde cabría introducir los grados de perfección—siendo, por lado, todo ya perfecto, puesto que Dios lo es y Dios es Todo. La noción de sentido (*telos*, finalidad) no dejaría así de ser una mera adivinanza humana, pero una tal que resulta inherente a cualquier afirmación –o negación– de la realidad, apuntando a un futuro[12] o un más allá de la mirada retrospectiva que va determinando las causas de las cosas (o de los afectos, como en esta Parte IV).

En la Proposición VIII de la Parte IV escribe Espinosa que «el conocimiento del bien y del mal no es otra cosa que la idea de la alegría o la tristeza que se sigue del afecto mismo». Pero, ¿no se encubre aquí la pregunta de por qué ciertas cosas nos producen alegría o tristeza? ¿Por qué, pongamos por caso, el mártir acribillado a flechazos es feliz y ve abrirse las puertas del cielo, cuando para la

---

antropomorfismo en las estimaciones de los fines («Todos los prejuicios que intento indicar aquí dependen de uno solo, a saber: el hecho de que los hombres supongan, comúnmente, que todas las cosas de la naturaleza actúan, al igual que ellos mismos, por razón de un fin, e incluso tienen por cierto que Dios mismo dirige todas las cosas hacia un cierto fin, pues dicen que Dios ha hecho todas las cosas con vistas al hombre y ha creado al hombre para que le rinda culto»), que es pertinente en el contexto mitologizado cristiano, pero que no es tampoco exactamente la idea de entelequia aristotélica. La afirmación espinosiana «si Dios actúa con vistas a un fin es que necesariamente apetece algo de lo que carece» es cuestionable si tenemos presente la Gran Alternancia entre lo que ya-es y lo que todavía-no, inscrita en la realidad toda.

[12] Al decir de Alisdair MacIntyre, «vivimos nuestras vidas, tanto individual como en nuestras relaciones con los demás, bajo la luz de ciertas concepciones de un posible futuro compartido», y «la impredicibilidad y la teleología coexisten, por tanto, en nuestras vidas» (*After Virtue: A Study in Moral Theory*, págs. 215 y 216). Aunque como señala Jacques Derrida en *Fuerza de Ley* (pág. 63), siguiendo a Emmanuel Levinas, acaso sería mejor hablar de un porvenir (por-venir).

mayoría algo así sería un horror? Es evidente que esta pregunta no puede responderse completamente sin el *telos*, que apuntaría a otras consideraciones, tales como los estadios de un desarrollo espiritual a partir de los cuales la experiencia subjetiva se interpreta de una u otra manera. Tampoco sobraría una consideración de los *estados* de la conciencia, una cuestión que, aunque puede disculparse que no se tratase en la *Ética*, apenas se justifica en el materialismo filosófico contemporáneo. En efecto, apenas hay dato más evidente –subjetiva y objetivamente– que, por de pronto, los tres estados de conciencia básicos (vigilia, sueño con ensueños y sueño profundo), por no hablar de tantos otros estados inducidos con diversos métodos, técnicas o sustancias, que son palmariamente parcela del comportamiento y de los afectos y no digamos ya de dotación del sentido a la vida propia[13].

La expresión 'capacidad para obrar' que utiliza Espinosa para describir la condición afectiva de la alegría, es decir, dirigida a la acción, la razón y la libertad, y no a la pasión (paciencia, pasividad) que queda asociada a la tristeza, la servidumbre y las ideas inadecuadas –la primera de menor a mayor perfección y la segunda al revés– resulta por todo ello algo confusa en el plano moral, y demasiado simplista. Gracias al reconocimiento de un error moral –haber cometido un asesinato, por ejemplo– uno gana en libertad interior en contraste con quien no lo reconoce y prosigue en la carrera de mentirse a sí mismo, y por consiguiente de seguramente cometer más crímenes, si bien quedaría privado de cierto dominio de la acción o de la libertad por oposición a quien no admitió su error y continúa cometiendo tropelías.

Habría aquí, pues, al menos dos sentidos distintos de la libertad que Espinosa parece no reconocer como tales y que repercuten en el centro mismo del plano moral, allí por ejemplo donde la santidad apunta más bien a una cesación de la acción que a un incremento si bien a un aumento de la libertad (aunque en el fondo también todo depende de qué se entienda por 'acción'). En efecto, la santidad y el sacrificio

---

[13] El mejor tratamiento sistemático que conozco de esta cuestión de los estados en conjunción con los estadios es el volumen *La Religión del Mañana* a cargo de Ken Wilber.

están íntimamente relacionados, y ambos dos con la libertad en el sentido espinosiano, es decir, impuesta por la necesidad. Una libertad de acción en el campo físico y desprovista de altitud moral, como en el caso del criminal, apunta más bien a la esclavitud interior, pero ello sólo puede saberse o determinarse mediante un orden implicado estadial y teleológico, y siempre y cuando distingamos entre las dimensiones (física-objetiva, moral-intersubjetiva y espiritual o interior-subjetiva). Afirmar entonces que la libertad suprema es «para obrar» no acaba de cuadrar, y quizá por ello no sorprende que, en el plano de la historia de la filosofía, se buscase eventualmente aquella libertad en la pura subjetividad, irrespectivamente de las condiciones externas.

Este defecto en la ambigüedad o ambivalencia de la idea de libertad, que Espinosa parece entender como rectamente planteada, ya fue abordado por un amigo y contemporáneo suyo con quien mantenía correspondencia. Albiac cita una carta (XXII) de Guillermo de Blyenbergh[14], quien a nuestro modo de ver acierta de pleno: «Decís, ciertamente, que os abstenéis de cometer crímenes y de caer en vicios, porque ello repugna a vuestra naturaleza, pero en todos vuestros escritos no encuentro ninguna norma ni prueba de esto que decís. Más bien parece seguirse de ello –perdonadme si yerro– todo lo contrario. Os abstenéis de lo que llamo vicios porque repugnan a vuestra naturaleza singular y no porque son vicios; os abstenéis de ellos como se deja un alimento que vuestra naturaleza aborrece. Ciertamente, poco puede gloriarse de virtud quien se abstiene de malas acciones porque repugnan a su naturaleza. Y he aquí de nuevo mi pregunta: si hubiera alguien a cuya naturaleza singular no repugnara sino conviniera el cometer crímenes y vivir en el placer, ¿habría alguna razón que moviera a esta persona a obrar virtuosamente y abstenerse de crímenes?». A tan acertada crítica Espinosa contesta, según Albiac, «con una brusquedad poco habitual en él», a saber, de la siguiente guisa: «El que viera claramente que cometiendo crímenes puede gozar de una vida o esencia mejor y más perfecta que obrando de acuerdo con la virtud, sería un necio si no los cometiera. Pues los crímenes serían virtud para este tipo perverso de naturaleza huma-

---

[14] Nota al pie 83, ed. cit.

na». Por nuestra parte, no detectamos tanto brusquedad como una manifiesta inadecuación en la respuesta. Falta notoriamente el anclaje de un criterio moral, que estaría apoyado por un *telos*, del que se evita hablar, y por unos estadios o grados de perfección, que pueden ser limpiados todo lo que se quiera de consideraciones ontologistas o metafísicas, pero que en todo caso jalonan todo desarrollo intersubjetivo.

Aquí asoma una cuestión que me dispongo a analizar en breve, a saber, las consecuencias de la reducción de las cuatro dimensiones (subjetiva, intersubjetiva, objetiva, interobjetiva) a solamente dos (subjetiva y objetiva), pero antes de abordarlo recordemos otro punto central, a saber, que Espinosa navega asimismo en una ambivalencia no declarada en lo que concierne a la ley de la causalidad. Si se abraza plenamente la idea de la causación propinada por él mismo en las Partes I y II, allí donde la Naturaleza toda es un orden causal y la identidad propia una ilusión –que, como dijimos, es una idea extraordinariamente similar a la originación dependiente budista–, uno, en consecuencia, ha de dejar de hablar de 'naturaleza propia'. O, al revés, si se habla de naturaleza propia como una causa entonces es forzoso introducir un principio de individuación –con el consiguiente desarrollo de una teoría del libre albedrío, al que desde luego Espinosa se opone– que no sólo no aparece por ninguna parte, sino que chocaría contra la idea de la sustancia única, que es la base del sistema. En la Proposición LIX de la Parte IV se adivina muy bien el fallo de no haber dilucidado hasta sus últimas consecuencias la idea de la originación dependiente, allí donde no existe nada 'propio' – puesto que entonces sería causa de sí mismo, lo cual sólo puede ser Dios, de acuerdo con Espinosa–, cuando habla de «hacer aquellas cosas que se siguen de nuestra naturaleza» como si 'nuestra naturaleza' fuese –aquí sí– distinta de 'la Naturaleza' o Dios, o como si aquélla no estuviese determinada por otras naturalezas y así sucesivamente, *ad infinitum*, de tal modo que, en realidad no hay tal naturaleza propia (de acuerdo con la originación dependiente, no la habría en sentido riguroso, aunque pueda resultar aceptable la expresión como forma convencional de hablar).

En la Proposición LXVII de la Parte IV, otra de las más célebres, que versa sobre el 'hombre libre' que en nada piensa menos que en la muerte, se admira una vez más que no hay una sino dos ideas de libertad que caminan en direcciones opuestas, ya que previamente había quedado asentado que la libertad es una ilusión, estando como estamos completamente determinados[15]. Si ahora se utiliza la expresión 'hombre libre', procedería aclarar cómo es esto: un hombre libre sería quien vive según el dictamen de la razón, que es, a saber, quien comprende las causas de las cosas, es decir, quien no es libre—y se sabe tal.

Por abundar en esta cuestión, que nos parece decisiva, en la Proposición XLVIII de la Parte II por ejemplo («No hay en el alma [yo prefiero 'mente'; *mens* es el término que utiliza Espinosa] ninguna voluntad absoluta y libre, sino que el alma (mente) es determinada a querer esto o aquello por una causa, que también es determinada por otra, y ésta a su vez por otra, y así hasta el infinito») se declara con total perspicuidad la idea de la originación dependiente. Aquí resulta evidente que no existe ninguna facultad absoluta o 'propia', como avanzará después el idealismo de mano de aquellos posos metafísicos que aquí critica Espinosa, sin que ello signifique tampoco que no nos enfrentemos constantemente a una elección. En este sentido, el vértigo existencialista de la libertad no es mera cháchara, como tampoco el libre albedrío cristiano tradicional, de donde procede. Se trata más bien del otro camino por el que abordar el tema de la libertad. Es decir, aunque desde el lado de fuera siempre puede decirse retrospectivamente que había una causa (o varias) para determinada acción (nuestra o ajena), en el lado de dentro (subjetiva o intersubjetivamente) siempre tenemos que decantarnos entre varias opciones, en la incertidumbre y el riesgo. El libre albedrío no puede suprimirse simplemente porque las causas y condiciones existen[16]. La cita más arri-

---

[15] Incluso este tipo de libertad pide algo más de desarrollo, puesto que la libertad conseguida gracias a la comprensión de la necesidad de las causas ha de repercutir obligatoriamente sobre la propia cadena causal. Es decir, resulta difícil evadir una dialéctica constante de inmanencia-transcendencia y transcendencia-inmanencia.

[16] Quizá valga la pena acotar en este punto que la idea de la causación *ad infinitum* como la que aquí presenta Espinosa frente a la absolutización de la voluntad constituye acaso el origen de la idea (y exploración) del inconsciente.

ba contrasta con otro lugar en que Espinosa escribe que la razón es «seguir la propia naturaleza» –que, como decimos, constituiría una sustancialización de 'lo propio' perfectamente ajena a la comprensión de la cadena causal–, por ejemplo en Escolio I de la Proposición XXXVII de la Parte IV, y donde la impotencia «consiste en dejarse llevar por las cosas exteriores», cosa que antes, como vimos, se había dado como inevitable, y quien pensase lo contrario estaba completamente ciego[17].

El problema, en definitiva, es que existe un doble rasero; podría decirse que, en parte, por no haber alcanzado una visión diáfana –es decir, desustancializadora– de la originación dependiente, allí donde no puede surgir en ningún momento una 'naturaleza propia' o una sustancia distinta de la Sustancia Única, y en parte porque el problema de la libertad tiene una dimensión intersubjetiva que, en el caso de Espinosa, como sucede con otros filósofos modernos, está abordado de un modo mecanicista y fisicalista, es decir, no propiamente intersubjetivo. Las Proposiciones LXXII y LXXIII (las dos últimas de la Parte IV) indican con bastante claridad, es verdad, que la subjetividad (hombre libre, naturaleza propia, etc.) no basta por sí misma, y que todo entendimiento de la libertad se ancla en lo intersubjetivo, que es lo que Espinosa refiere como «estar sometidos a leyes comunes» (cosa que no obstante sigue equiparando –confusamente, a nuestro juicio– a «vivir en el Estado», pero esto es otra cuestión), pero los desplantes mecanicistas de Espinosa son suficientemente obvios como para no poder ignorarlos, y, así, de este modo, su incongruencia con lo que en otros momentos se diría más bien que es una concepción orgánica u organísmica típica, que es de donde parte su inteligencia de la intersubjetividad.

Antes de acometer el eje de las dimensiones, me gustaría concluir abundando en el tema de la causalidad y su relación con la teleología. El movimiento de Espinosa contra la teleología se me antoja similar al que se produce con la originación dependiente budista contra el tradicional verticalismo subjetivo indio, que hace culminar

---

[17] Algo parecido sucedería con la Proposición XXVIII, que dicta que el supremo bien es el conocimiento de Dios, cuando a la vez se establece su incognoscibilidad, puesto que es sustancia eterna e infinita.

todo en el Yo, o el Ser. Y –ésta es la cuestión decisiva– se trata de un movimiento irreductible, absolutamente necesario como limpieza de aquellos presupuestos metafísicos que acarrean meros deseos proyectados sobre el plano teórico-especulativo o que simplemente unifican en una entidad lo que es causalmente diverso. La originación dependiente budista, sin embargo, no excluye los estadios, como sí sucede en las concepciones mecánicas modernas de Occidente; lo que sí excluye la originación dependiente es la postulación de un absoluto abstracto, de una Causa Hipostática, o en general, de cualquier sustancia, incluida el 'yo'. Esto es lo que también hace o querría hacer Espinosa, pero, como ya hemos establecido, no de un modo definitivo, y ello, al menos en parte, por querer conservar la noción de la unidad de la sustancia descartiana (equiparada a Dios o la Naturaleza), que no permite una desustancialización completa y/o la posibilidad de estadios escalonados (que a su vez son teológicos de cabo a rabo, aunque el fin sea siempre transcendente y desde luego en cierto modo desconocido, aunque también –por qué no– racional).

Así, pues, tanto en Espinosa como de un modo más manifiesto en la originación dependiente budista, la desustancialización de todo ente o concepto que conlleva esta idea pone en marcha una empresa de desmitologización radical, que no obstante se confunde en muchos puntos con aquellas nociones teológicas expresadas míticamente. La desmitologización, empero, no comporta desteleologización. Es decir, la superación de una apelación a entes o conceptos imaginarios para centrarse en causas racionales concretas –que, de nuevo, es lo que procuran cada uno a su manera tanto Espinosa como el budismo– no abole la teleología, que permanece como una idea no sólo ya racional sino en realidad inexcusable toda vez que transmitimos significados que aspiran a la verdad. La teleología apunta a lo más-allá, que no puede reducirse a, o encerrarse en, un Final Absoluto: ello constituiría la hipostatización de una finalidad creciente y, hasta donde sabemos, indefinidamente transcendente[18].

---

[18] El Prefacio de la Parte IV ubica exactamente este problema. Escribe Espinosa: «Quien ha decidido hacer una cosa, y la ha terminado, dirá que es cosa acabada o perfecta, y no sólo él, sino todo el que conozca rectamente, o crea conocer, la intención y el fin del autor de esta obra (…) Pero si al-

Tanto en la propuesta de Espinosa como en la originación dependiente budista hay una ostensible pérdida de la verticalidad, que, por un lado, en la modernidad occidental, ha conducido a una especie de omni-interpretación horizontalista –como si no hubiese un eje vertical en ningún sentido– y ello por las condiciones específicas de esta época, allí donde prima un objetivismo raso e incapaz de reconocer cualidades o crecimiento a no ser que sea del número, siendo en cambio todo extensión; pero también, por otro, y esto es evidente tanto en Espinosa como en Gautama, culmina un tipo de sabiduría incisiva insustituible que ha roto con moldes sapienciales predeterminados y se enfoca en las cosas tal como son. Es decir, podría decirse que la modernidad (o el budismo) corrigen el exceso de verticalismo o de metafísica, allí donde lo dimensional se pierde en aras de lo estadial, pero también puede pecarse de lo opuesto, cosa que por cierto también sucedió con determinadas escuelas atomicistas del budismo pero que en la modernidad occidental ha sido más bien

---

guien ve una obra que no se parece a nada de cuanto ha visto, y no conoce la intención de quien la hace, no podrá saber ciertamente si la obra es perfecta o imperfecta». Por ello, cualquier adscripción de intención o fin a la Naturaleza entera ha de considerarse *ipso facto* de falaz. La Creación (Plan) de Dios sólo puede verse como metáfora, es decir, como traslación imaginativa de planes y acciones puramente humanos. No obstante, en lo que respecta a la Naturaleza entera –y este es otro de los lugares donde a nuestro juicio el budismo sigue más vigorosamente la vía media entre el absolutismo y el nihilismo– el hecho de que no podamos conocer su fin no significa que éste no exista: habría más bien que suspender el juicio al respecto. No nos será dado conocer el fin, pero sí ir desgranando una mejor comprensión de las cosas que apuntala un desarrollo evolutivo. Esta escala de perfecciones no puede regirse, como dice acertadamente Albiac en su nota 20 a la pág. 286, por un Dios voluntarioso, que sería mera proyección humana de lo desconocido, pero sí podría no obstante detectarse un *telos* en la profundización de la consciencia como tal, que tiende al infinito (entre otros muchos tipos de escala). Así, a la observación espinosiana que «a la naturaleza de una cosa no le pertenece sino aquello que se sigue de su causa eficiente, y todo cuanto se sigue de la necesidad de la naturaleza de la causa eficiente se produce necesariamente» (pág. 288) podría complementársele –más que objetarle–, que así es, en efecto, pero que también hay estadios, crecimiento, evolución, y que una noción así no podría colegirse sin *telos*.

prevalente: aquí todo lo vertical es despreciado e incluso la ganancia de una separación dimensional se pierde para abrazar el objetivismo puro.

En cierto modo, la modernidad occidental ha logrado una desmitologización más profunda que en ningún otro tiempo o lugar, lo cual de nuevo tendría dos caras, pero sería la razón por la que resulta imposible –casi ridículo, aunque hagiógrafos no le falten– hacer de Espinosa una figura metafísica, como en efecto sucedió con Gautama[19]. Tampoco resultaría nada fácil trasladar a Espinosa desde el lado racional, de la investigación de relaciones causales, al lado mítico o metafísico donde abundan las hipóstasis y en especial la del estadio último absoluto, cosa que sí sucedió con Gautama y más tarde con Nāgārjuna: su descubrimiento quedó una vez más recubierto por la metafísica. En este último caso estaríamos ante una regresión de lo racional a lo metafísico (o cuasi-mítico) que apremia a peripecias filosóficas como la 'teoría de la doble verdad' (absoluta y relativa) chandrakirtiana –seguida, desafortunadamente, por mi admirado Wilber– que son prescindibles y aun dañinas de cara a un modelo filosófico integral, post-metafísico, que abraza lo mejor de la modernidad y la postmodernidad, como desea el propio Wilber. La 'doble verdad' oculta la verdadera naturaleza de la Alternancia, que es el quicio para comprender la relación entre lo transcendente y lo inmanente sin caer en la metafísica. 'Ni dos, ni uno', como en el *dictum zen*, es un rodeo provocado por todo el aparato metafísico interpuesto para mentar nuestra incapacidad para comprender lo Primero y lo Último, ante lo cual sólo cabe la *epojé* o/y la fe. Gustavo Bueno, quien también aspira a establecer un sistema filosófico post-metafísico, peca, por su parte (por ejemplo en los sucesivos Prólogos a *El Mito de la Cultura*), de un anti-interiorismo o una anti-subjetividad que recuerda más al raso modernitario que a un propósito materialista integral y comprehensivo, barriendo la subjetividad toda hacia la etología («el argumento zoológico»). Entre los hilos de

---

[19] Lo cual no significa que no se hayan producido mitificaciones de, o en, la modernidad, que abundan y son acaso más peligrosas que las antiguas, pues pretenden no ser mitificaciones en absoluto. Pongamos, por ejemplo, *la mano invisible* de Adam Smith.

la prosa de la ciencia y la poesía del despertar interior, a Bueno sólo le interesa lo primero, que no era ni de lejos el caso de Espinosa.

Capítulo 3
Los tres ejes en la *Ética* (II)

Dediquemos pues ahora unas palabras a las dimensiones. Dadas las perspectivas epistemológicas abiertas ante nosotros acaso resulte algo chocante cómo, pongamos, un cuerpo humano, que puede verse distintamente –pero también de modo vinculado– desde el ángulo de su funcionamiento fisiológico (mecánica, neuroquímica, microbiología, etc.), desde su vida interior (psicología), como elemento en una tupida red de conexiones con otros (sociología, economía, técnica) y como partícipe moral en comunicación con otros semejantes (convivencia cotidiana, jurisprudencia, política), pueda verse reducido, al intentar comprenderlo, a solamente una o algunas de ellas. Mas, por muy extraño que parezca, ésta ha sido en realidad la tónica general hasta hoy.

Las dimensiones –que es a lo que Espinosa se refería con atributos– no son segmentos separados de la realidad, sino modos de abordar una misma realidad. Si tomamos, por poner otro ejemplo, una palabra, ésta puede verse objetivamente (como grafía física dibujada en un papel), interobjetivamente (como parte de una gramática), intersubjetivamente (como significado hasta cierto punto compartido), y subjetivamente (como signo dotado de un sentido singular para mí o para otro). Podría decirse, de hecho, que no sólo *puede* sino también que *debe* verse así, en el sentido al menos de que, si bien el estudio de una dimensión o disciplina concreta exige poner entre paréntesis las otras, todas las dimensiones han de poder ser vindicadas para aclaraciones ulteriores de un problema dado, o, a saber, desde una escala del pensamiento más elevada; que es, como ha señalado G. Bueno, precisamente la de la filosofía, esa reflexión de segundo grado que nos permite relacionar las distintas disciplinas gnoseológicas y epistemológicas entre sí. Lo más decisivo de las dimensiones es que ninguna es exclusivamente verdadera en detrimento de las demás. Y asimismo que, desde el punto de vista de la filosofía, lo que importa es cómo organizar tales perspectivas – tornadas en disciplinas de investigación relativamente independientes– de tal modo que ninguna sea despreciada por los prejuicios que fueren, marcados por las otras. La filosofía aquí tiene que luchar contra la tendencia inherente a cada disciplina de querer ser la única verdad. El problema ha sido que apenas lo ha logrado en su historia, dejándose llevar por la marea de una(s) u otra(s).

No es éste el lugar de examinar esta cuestión históricamente, detallando la génesis y los frutos de las tendencias dimensionales de una época u otra[20]. Ahora interesa sobre todo poner la lupa sobre el sistema de Espinosa y, más tarde, sobre el materialismo filosófico de Bueno y su escuela. Sí nos vemos compelidos, con todo, a notar sucintamente que, pese a la tríada clásica Verdad-Bondad-Belleza –que apuntaría a un paralelo con las dimensiones (inter)objetiva, intersubjetiva y subjetiva, respectivamente–, el pensamiento metafísico tradicional se ha resistido tenazmente a una diferenciación dimensional, unificando lo diverso y colapsando todo lo exterior –es decir, las dimensiones objetiva e interobjetiva– en el último escalón de la Gran Cadena del Ser, la Materia. La metafísica cristiana, que sigue mayormente esta tendencia heredada de los grandes filósofos gentiles (Platón, Aristóteles, Plotino) introduce, no obstante, una singularidad decisiva: la Trinidad. La Trinidad viene a ser una inyección más vigorosa de tridimensionalidad en el seno de lo real que, pese a los defectos acarreados de la consolidación dogmática en el Concilio de Nicea, donde el *mythos* (Hijo) se confunde con el *logos* (Logos joánico) y donde Cristo (la unidad que no obstante mantiene la separación entre lo humano y lo divino, es decir, la Gran Alternancia entre los *lados*) se confunde con la Trinidad en tanto que *dimensiones*, es el antecedente más inmediato de una diferenciación entre dimensiones que sí se advierte más definitoriamente en la era moderna, si bien pronto se unidimensionalizó, por utilizar la expresión de Marcuse, en

---

[20] En lo que a esto concierne, hay bastante material en *Filosofía y Revelación*, aunque el tema sea inagotable.

aras de una objetividad ahora entendida como la única posible verdad (objetivismo).

En esta tesitura, Descartes –a quien Espinosa sigue aquí de cerca– introduce su distinción, que es de naturaleza dimensional, entre la *res cogitans* y la *res extensa*. Por ejemplo en el Axioma V de la Parte II, Espinosa acompaña sin ambages al bidimensionalismo descartiano, con el desilusionante aderezo de que se confunden lados y dimensiones. Las Proposiciones I y II de la Parte II son, sin embargo, prometedoras porque hacen de las dimensiones –aunque solo sean dos, y falte como poco lo intersubjetivo– lo divino mismo. Es decir, Espinosa aterriza la Trinidad como tridimensionalidad de la realidad en lugar de mantenerla hipostáticamente por encima de ella, que es la derivación obligatoria tanto de la metafísica como de la mezcolanza nicena[21]. Además, la cosa pensante y la cosa extensa podrían verse, respectivamente, como las dimensiones interiores (subjetiva e intersubjetiva) y exteriores (objetiva e interobjetiva), si bien claro está que Espinosa no alcanza este desglosamiento. Su ausencia, amén de

---

[21] El Escolio a la Proposición III es una pulverización de la Trinidad nicena semejante a la que llevo a cabo en *Filosofía y Revelación*. Del mismo modo, la Proposición II de la Parte III indica cómo hay unidad de naturaleza pero distinción absoluta en los atributos, que es lo que sucedería en la Trinidad bien vista. De todos modos, el Escolio de esta Proposición persigue un modo de argumentación que sugiere más bien una interacción entre *res extensa* y *res cogitans* que antes había negado, como cuando habla de los sonámbulos. Quizá sea una comprensión deficiente por mi parte, pero en el conjunto de la Parte III no acaba de discernirse cómo o en qué sentido sí puede decirse que cuerpo y mente interactúan pese a estar en dos planos diferentes siendo, a la vez, la misma cosa. Por lo demás, todo el programa conductista, desde Pavlov hasta Skinner, está aquí en semilla, aunque la mecánica de los afectos que despliega Espinosa en esta Parte es mucho más impresionante que nada entretenido por los *behavioristas*. (La Proposición XVIII de la Parte II ya apunta hacia el programa pavloviano: «El cuerpo humano ha sido dispuesto de tal modo que el alma imagine dos cuerpos al mismo tiempo; luego así los imaginará en adelante, y, en cuanto imagine uno de los dos, recordará inmediatamente al otro»). Lo cual no deja de ser interesante de cara al materialismo filosófico de Bueno y su escuela, que en no pocas ocasiones se ha inclinado por este tipo de psicología exteriorista, en desprecio y detrimento de todo lo interior.

su falta de reconocimiento explícito de lo transcendente, dimana en una concepción política próxima a la de Hobbes –por lo menos en lo que respecta a la volatilización de la autoridad en las faldas del poder[22]–, asunto en que nos detendremos en los dos últimos capítulos. Hacia el final del Escolio a la Proposición VII de esta Parte II, hay una referencia a la idea de que podría haber otros atributos junto a la cosa pensante y la extensa, pero no queda claro en qué consistirían: si, por ejemplo, serían del mismo tipo, u otro[23].

---

[22] Leo Strauss ha llamado la atención sobre la idea de que la concepción política de Espinosa, especialmente en lo que se refiere a la secularización o a la unificación política entendida como obliteración de la separación entre lo que Agustín de Hipona había llamado las dos ciudades (lo espiritual y lo terrenal), bebe directamente del *Leviatán* de Hobbes (cfr. Leo Strauss, *Spinoza's Critique of Religion*, IV). Desde luego, la idea de la fusión entre la *auctoritas* y la *potestas* no podría ser más hobbesiana, y todo apunta a que Espinosa la tomó de él. A este respecto, cfr. Carl Schmitt, *The Leviathan in the State Theory of Thomas Hobbes*, cap. IV, pág. 45: «Lo que es más significativo en la afirmación de Hobbes '*auctoritas, non veritas*' es la conclusión de que ya no vale distinguir entre *auctoritas* y *potestas*, haciendo de la *summa potestas* la *summa auctoritas*». Espinosa también habría tomado de Hobbes la idea de la separación radical entre el fuero interno y el dominio público en cuestiones de fe o religiosas, si bien el primero habría preservado una mayor autonomía de la esfera privada, que será fundamental para su idea de la *libertas philosophandi* (cfr. Schmitt, *op. cit.*, cap. V, págs. 57-58), mientras que, en el caso de Hobbes, todo queda esencialmente decidido en el dominio público. Esta distinción es quizá una de las más decisivas de toda la modernidad, aunque según Schmitt habría sido también, a su vez, la causa de la muerte del leviatán hobbesiano. Nos consta asimismo que Hobbes leyó y conoció el *Tractatus Theologico-Politicus* de Espinosa, que admiró e incluso consideró que había llevado sus propios principios hasta las últimas consecuencias (Schmitt, *op. cit.*, pág. 64).

[23] De acuerdo con Vidal Peña (cfr. nota al pie de las págs. 127-128 y de la pág. 133, así como en la Introducción, ed. cit.), Espinosa no establecería dos sino tres atributos o 'géneros de materialidad', a saber, Extensión – Pensamiento Humano – Pensamiento en Dios. Una 'ontología especial' que anticiparía la seguida por el materialismo filosófico de Bueno, que ya utiliza la nomenclatura elaborada por Christian Wolff (sobre la que trataremos más abajo). La explicación de ello (la larga nota en la pág. 133 a la Proposición VII de la Parte II) es bastante consecuente y no mantenemos ninguna reser-

En la Proposición XLIX de la Parte II se admira hasta dónde alcanza la reducción de las dimensiones, especialmente cuando, en su Corolario, Espinosa afirma que la voluntad y el entendimiento son uno y lo mismo. Es como si el dominio moral intersubjetivo, donde se dirime gran parte de la cuestión de la libertad –íntimamente ligada, nos parece, al entendimiento y la voluntad–, se lo hubiese tragado la tierra. La idea de la unidad entre voluntad y entendimiento es certera en el sentido de que podrían verse como dos formas distintas de ver la misma realidad, pero en tanto que se traga una comprensión intersubjetiva de la realidad –siendo entendimiento y voluntad sólo adscribibles al sujeto corpóreo–, su aparente claridad podría resultar cegadora[24].

Con vistas al tema de la autoridad *versus* potestad en Espinosa, que fue el que originó, en principio, todo este examen nuestro, sería conveniente detenerse algo más pausadamente en la esfera intersubjetiva. Podría comenzarse por lo siguiente: no es que la dimensión intersubjetiva no sea tratada, puesto que evidentemente lo es por Espinosa, como por tantos otros filósofos y autores modernos, sino que se hace desde una plataforma o paradigma no propiamente intersubjetivo, sino correspondiente a otras dimensiones. En el caso de la mayor parte de los autores de la modernidad, y por influencia del éxito conseguido en las ciencias físicas, sobre todo a partir de Newton, pero aún antes, así como las nuevas matemáticas (Descartes), la tendencia fue a indagar lo político en términos fisicalistas u objetivistas. Es decir, la tendencia es a analizar la cuestión política en términos de

---

va al respecto, pero aquí, como sucede en los tres géneros de materialidad del materialismo filosófico de Bueno, se sigue sin abarcar todo el territorio –en especial de la intersubjetividad– ni se distingue apropiadamente entre dimensiones y lados.

[24] Como ya señalamos, parte del problema está –tal como se observa, una vez más, en la Demostración previa– en que Espinosa no consolidó algo así como la vía media (budista) en torno a la cuestión central del yo, según la cual no cabe ni la sustancialización de éste ni su negación (los extremos absolutista y nihilista). La mente (*mens*) –lo que Vidal Peña traduce como 'alma'– permanece incólume, y no se distingue suficientemente del pensamiento como tal, que sería más bien la cara de fuera en todas las dimensiones, o tal que, en otros casos, podría referirse a la dimensión subjetiva.

fuerzas. Desde luego se trata de un ángulo clave y en absoluto menospreciable, pero la restricción a sus mecanismos supone incapacitarnos para atender a elementos claves de lo que hay en juego en toda dinámica política. Es indudable que, en la medida en que bajo la etiqueta 'materialismo' se amanceban todo tipo de reduccionismos a mirar las cosas sólo desde el punto de vista de una mecánica exterior y colisionante de fuerzas, ya sea entre Estados o entre éstos y sus súbditos, la posibilidad de comprender materialmente lo político disminuye de modo considerable. Si a esto añadimos que los lados de dentro y de fuera en cada dimensión no han sido del todo dilucidados –por no decir desarrollados– y que aquí existe también una fuerte inclinación a fijarse sólo en lo de fuera, en lo constatado y reflexionado, sin querer entrar en lo posible, futuro o transcendente, la situación no resulta lo que se dice halagüeña.

Aunque se crea a sí mismo en sus antípodas, el objetivismo político crea mitos, más o menos ostensibles o soterrados, y, como todo hijo de vecino, para cubrir sus vergüenzas. Acaso el primero de ellos, del que es víctima Espinosa, es el de un estado natural, neutro, de donde emerge necesariamente un Estado regulador de todas las fuerzas en colisión. El llamado estado natural se presenta de primeras como una situación eminentemente subjetiva, de cada individuo consigo mismo, que no obstante ha nacido para chocar contra otros, lo que deriva en una estimación objetivista. El término 'individuo' que utilizamos aquí es absolutamente intencional, para contrastarlo con 'persona'[25]. El individuo es átomo subjetivo último, indivisible, que, al parecer, no tiene relación más que de colisión con otros individuos igualmente atómicos y aislados. El estado natural es por tanto una situación mítica –en sentido de irreal, inventada, abstracta o asaz fragmentaria– en que todo el universo intersubjetivo queda obliterado, redu-

---

[25] En esta cuestión ya nos detuvimos en *Filosofía y Revelación*, cap. IV ('Cristo y Trinidad'), apartado 5. Notamos que en la Definición del Axioma II de la Proposición XIII de la Parte II, cuando Espinosa afirma que «esos cuerpos están unidos entre sí y que todos juntos componen un solo cuerpo, o sea, un individuo que se distingue de los demás por medio de dicha unión de cuerpos», no sigue esta otra definición, más etimológica, de individuo que nosotros proponemos, puesto que si el cuerpo es divisible o dividuable ya no es un individuo sino un dividuo o una composición.

ciendo las coordenadas a un subjetivismo-objetivismo que no siendo completamente falso sí es definitivamente distorsionador. El planteamiento aquí es simple: sujeto singular, aislado frente a otros pero asediado por sus propios deseos → colisión con otros → Estado.

El Escolio II de la Proposición XXXVII de la Parte IV es, en este sentido, revelador a la hora de comprender la concepción política de Espinosa y tal vez también de la modernidad en conjunto[26]. Aquí, de nuevo, se propone la subjetividad como punto de partida, que Espinosa –como hará también Hobbes, entre otros– llama 'estado natural'. A este estado –libre, sin moralidad o intersubjetividad inherente, que busca solamente la utilidad de y para uno mismo, dando así por sentado que no puede gobernarse mediante la razón– contrapone un 'estado civil'. Traducido a nuestros términos, el estado civil es, en el fondo, la intersubjetividad, pero de tal modo que no sólo se trataría de algo ulterior –y por tanto no co-original, como nosotros suponemos que son las dimensiones– sino que además en ella impera la co-acción de pasiones individuales sobre cualquier otra consideración. Esta co-acción o pasión de lo colectivo dominaría la pasión de cada cual para así preservar un cierto orden. (Iba a escribir 'para generar cierto orden', pero la verdad es que el mito del paso del estado natural al civil es extremadamente parco y en él no puede hablarse, *sensu strictu*, de génesis o desarrollo alguno—tal es la naturaleza de lo mecánico). A tal pasión colectivizada Espinosa –siguiendo aquí seguramente a Maquiavelo, a quien admiraba[27]– llama Estado.

Ahora bien, en lo que Espinosa denomina 'Estado' ha desaparecido todo rastro de algo que se parezca al derecho consuetudinario popu-

---

[26] Con ello no quiero decir que Espinosa sea un autor típicamente moderno –sea esto lo que signifique–, puesto que más bien yo lo clasificaría de atípico y singular, en una continuidad mucho más estable con la filosofía antigua –como vendrá a mostrar Santayana, gran admirador suyo– así como con la filosofía medieval –hispánica, sobre todo– y apuntando, en tantos sentidos, a una filosofía futura que, como veremos en el siguiente apartado, rebasa al materialismo filosófico tal como es presentado por Bueno y su escuela en al menos un punto clave. No obstante, la semejanza en filosofía política con otros planteamientos modernos, como el de Hobbes, saltan a la vista.
[27] Maquiavelo es uno de los poquísimos autores citados por Espinosa en la *Ética*.

lar, donde la vida en comunidad, con sus usos y costumbres, juzgan lo apropiado de acuerdo con los recursos que poseen y para la preservación de las generaciones futuras[28] (lo cual requiere, de algún modo, una noción de transcendencia). Asimismo se ha desvanecido toda noción de autoridad como detentadora de un saber moral acumulado que en un momento determinado puede enfrentarse y corregir al poder, ya sea de un modo institucionalizado –como con los auspicios y aurúspices romanos, tradición que encadena con la autoridad de la Iglesia católica, como nos enseñó Álvaro d'Ors–, ya sea anclados en figuras personales más o menos puntuales. En suma, estamos frente a un planteamiento en que la intersubjetividad propiamente dicha se difumina para adherirse en cambio a un objetivismo donde anida cómodamente la idea de que las nociones morales son «nociones extrínsecas, y no atributos que sirvan para explicar la naturaleza del alma».

No cabe duda de que la intersubjetividad implica coacción y obediencia, pero la atribución de la razón a una esfera (el Estado) que escapa a una dialéctica comunicativa y moral constituye una hipóstasis injustificada. La intersubjetividad funciona de tal modo que ni puede desoír a la persona singular –en concreto, al miserable y abandonado, a partir del cual, en el fondo, se construye el edificio comunitario– ni las demandas del bien común a largo plazo. La situación típicamente moderna de devastación armamentística y ecológica es el resultado de un escenario en el cual el Estado se ha arrogado hipostáticamente toda decisión y dominio. Algo que estaría plenamente justificado en el esquema político de Espinosa, pese a que su inacabado *Tratado Político* perfilase como ideal una forma democrática del mismo.

Una vez desaparecido el modo intersubjetivo de convivir y decidir se crea una fantasía de Estado, ahora sorprendentemente universal. Cuando objetivado, la fantasía estatal, en su sentido jurídico, tiende asimismo a esfumarse en haces que en última instancia son los del

---

[28] En la sentencia «el poder soberano castiga al ciudadano que ha cometido injusticia contra el otro» (perteneciente al Escolio a la Proposición LI de la Parte IV) trasluce el estatismo y la ausencia de un derecho privado no coactivo o consuetudinario, que ha sido una realidad material.

poder nudo. Planteado como la única opción posible, el Estado es, en esencia, el capitalismo disparado –o, si se quiere, disparatado–, que quiere asemejarse a un mítico 'estado natural', y que tiende, como excusa para no dirimir problemas mediante la comunicación –por muy asimétrica que sea–, a ser siempre 'extrínseco', objetivo, neutral e inodoro.

Se dirá, acaso con razón, que esto constituye un exceso interpretativo, pero, mirando de reojo este trasfondo, la Proposición XXXVIII de la Parte IV se nos antoja como la justificación de una cruda expansión de una manipulación de las cosas –que sin duda posee beneficios científicos– sin moralidad, donde incluso los sujetos pueden tornarse cosas o elementos manipulables. ¿Qué faltaría aquí, pues? No, sin dudarlo, la inyección de la razón de un sabio, sino la mediación de una comunidad de convivencia que, arraigada a unas necesidades y conocedora de sus posibilidades, toma decisiones acerca de cómo vivir juntos. Comunidad que, tal vez, un día, será eucarística, es decir, proyectada conscientemente –en alabanza– a lo transcendente.

La inevitable ambigüedad de la propuesta política espinosiana, anclada en el mito moderno del estado natural y el Estado resultante, que quisiera aparecer como meridianamente clara, asoma a la luz en la Proposición XL de esta misma Parte[29], donde, una vez más, lo intersubjetivo brilla por su ausencia y todo se dirime entre dos polos: que los hombres vivan en concordia, siendo esto lo útil, por un lado, y, por otro, que es malo introducir la discordia en el Estado. Mas la intersubjetividad supone ineludiblemente discordia (así como también, claro, cierta concordia). Por ello no es difícil advertir que aquí asoma la sugerencia, si no el mandamiento, de que el Estado aplaste

---

[29] La ambigüedad no es sólo fruto de nuestra lectura, que parte de otro punto de vista, sino presente en los propios textos espinosianos. Así, por ejemplo, en el Capítulo VI del *Tratado Político*, hacia el final de la sección 1, se asume implícitamente que el estado de naturaleza es mítico, y que, en rigor, no puede anteponerse al estado civil: «no puede suceder que los hombres disuelvan completamente el estado civil». Esta sería también la franja que queda abierta para empezar a habitar la dimensión intersubjetiva como co-original junto a la subjetividad y la (inter)objetividad.

al insurgente. Algo que tendría especial relieve cuando se piensa, por ejemplo, en Cristo.

Vidal Peña había ya señalado en una de sus notas que la Proposición XXXIV de la Parte I («la potencia de Dios es su esencia misma») contiene el meollo de toda la teoría política y del derecho natural de Espinosa: el hombre se define por su deseo; todas las cosas por su *conatus*. Aquí de nuevo se observaría el movimiento subjetivista primero y objetivista después, tragándose toda la dimensión intersubjetiva, impidiendo elaborar más que a partir del poder y derivando en una concepción de arriba a abajo, jamás de abajo a arriba; de lucha sin cuartel individualista antes que de colaboración, apoyo y deuda mutua. Éstas habrían de interpretarse en cambio desde los principios egotistas de una singularidad –por cierto que sustancializada– que persigue sus propios fines—los cuales quedarían además desbaratados en la más crasa de las ilusiones si Dios no los alberga.

También en el *Tratado Político* Espinosa habla en términos propios del Estado moderno: como algo definido, territorial, sin poros y sin historia o génesis (aparte de la del mito del estado natural). No se entra a comparar libertades entre distintas épocas o lugares, pues tal cosa supondría valorar jerárquicamente (estadialmente) unas u otros. Más bien procura mantenerse en un nivel de abstracción lo suficientemente amplio como para poder aplicarlo a todos los casos. Pero, pese a la lucidez que se deriva del planteamiento, esto vendría a ser como tener una regla con que medir la distancia de varias superficies sin pararse a apreciar su color, su tacto, su cualidad o su potencia para una función u otra. Todo se reduce fundamentalmente al axioma: si se puede, se hace; si no, no[30].

En la *civitas* sólo quien tiene poder puede interpretar las leyes. Algo que en cierto modo viene de suyo –y que por ello había que establecer con el rigor que le corresponde–, pero que también, de otro lado, denota una falta de aprecio por las rugosidades de la reali-

---

[30] Espinosa no podía anticipar que la eutaxia estatal («si se puede, se hace») como principio librado a sí mismo detonaría una serie indescriptible de horrores. El materialista actual, en cambio, sí puede verlo, y se diría que con frecuencia no sólo no tiene intención de contrarrestarlo sino que juega a estadista.

dad histórica –acaso consecuencia de aplicar una especie de geometría a la política– así como también una alabanza al poder nudo. A este último respecto, Espinosa plantea (Capítulo IV, Sección 5-6 del *TP*) la cuestión schmittiana por excelencia del estado de excepción y si en tal caso el poder está sometido a leyes, y su respuesta es bien sencilla: no lo está. Esto muestra desde luego que la abstracción a que somete el tema político está muy lejos de ser ingenua o inmaterial, como sucede con tantos comentaristas políticos que creen que simplemente por pensar algo es ya real. Espinosa debe ser catalogado como perteneciente a una tradición de realismo político que entronca no ya sólo con su admirado Maquiavelo, sino con todo un hilo de autores latinos que le anteceden y alcanzan al menos hasta Bartolo y Marsilio.

No obstante la potencia de sus axiomas y la sencillez de sus premisas, la lectura política de Espinosa dista de ser una tarea lineal. En la Sección 17 del Capítulo II del *TP* aparece por ejemplo una teoría del consentimiento típicamente contractualista («Posee el derecho de denominarse Estado, sin restricción alguna, quien *por unánime acuerdo* está encargado de los asuntos públicos») que llama la atención tanto por su modernidad como por esa cualidad utópica que es la contrapartida o compensación del mito del estado natural. O cómo, en la Sección 22 de este mismo Capítulo, se encuentra una distinción entre dos niveles –humano y divino– que no deja de ser intrigante tras lo legado en la *Ética*, pues no se sabe si es un recurso a una forma mítica de discurso para explicar algo o una constatación efectiva de dos estratos discursivos, que, en principio, su sistema excluiría. Para Espinosa todo bien político depende de la razón y del mantenimiento de unas leyes que aporten seguridad y paz colectiva, situando manifiestamente sus simpatías con la libertad colectiva, pero no resulta del todo claro que ésta se siga de toda necesidad de los principios establecidos en los primeros capítulos.

Al final, a partir del Capítulo IX, cuando entra en el detalle de los tipos de regímenes, el *Tratado Político* despide un halo idealista tan decepcionante como inesperado: un poco al estilo de García-Trevijano dictaminando cómo debe ser una república constitucional, parece tratarse no tanto de cómo son, de hecho, las monarquías, las aristocracias y las democracias, sino de cómo deberían ser. Este giro de lo real a lo ideal en Espinosa sorprende no poco, pero quizá no tanto como el hecho de que sus comentaristas o seguidores no se lo achaquen. No discuto que lo propuesto no sea inteligente, pero siendo como es patentemente idealista habría que señalarlo. Este 'deber ser', contrapuesto a un examen de lo que realmente es o ha sido, es quizá uno de los rasgos más nocivos de la modernidad, y uno que precisamente Espinosa había condenado en la *Ética*, por ejemplo en su diatriba contra la teología. En su descargo, lo cierto es que aún no había llegado el momento de una exploración histórica y genética de las realidades políticas, cuyo antecedente acaso más remoto sería la filosofía hegeliana pero que en todo caso no se ha desarrollado mínimamente hasta hace bien poco, y muchas veces, por no decir casi siempre, entre teóricos anti-estatistas (entre los que habría que incluir a Marx, pero no es el momento de discutir esta difícil cuestión). Aunque se hable mal de la postmodernidad no puede negarse que este tipo de análisis es uno de sus frutos. De cualquier modo, la contravención de sus propios principios para plantear un dibujo idealizado de los regímenes políticos, sin entrar en cómo son de hecho en la naturaleza, habla de hasta qué punto no es, en realidad, posible, desligarse de lo ideal, y cómo este lado siempre vuelve a aparecer de un modo u otro aunque sea recubierto de una abstracción como la que aquí se despliega. Algo similar sucede con el materialismo filosófico de Bueno, cuyo poder dice radicarse en la mirada a lo que efectivamente es, despreciando el idealismo allí donde aparece, pero sin ser capaz tampoco de despejar del todo su propia visión de lo ideal, que en todo caso no nombra como tal. Esta dinámica de exclusión parcial pero inclusión en la sombra produce distorsiones y contradicciones que podrían aclararse si algo así como los dos lados fuesen considerados en su sistema.

El planteamiento de Espinosa adolece de muchas más virtudes que defectos, pero lo tupido y delicadamente enhebrado de su sistema quiere causar la impresión de una perfección y un acabado que obliga a ocultar muchos aspectos más bien perfectibles. No sería exagerado afirmar que la toma de distancia sideral que ejecuta tanto en la *Ética* como en su *Tratado Teológico-Político* o en el *Tratado Político* es uno de los frutos lógicos más maduros de la historia del pensamiento, y de una influencia e inspiración indelebles en lo por venir.

De hecho, podría decirse que todavía, siglos más tarde, muchas corrientes de pensamiento no se han dado por aludidas en el modo en que Espinosa las había desmenuzado ya tiempo atrás. La distancia que toma Espinosa para con los asuntos que trata, ya sea la crítica al *mythos* bíblico, los afectos personales, o la cuestión del poder, es propia de la Teoría y eminentemente de la filosofía. En cierto modo, se trata del asentamiento de una perspectiva de tercera persona en contraposición a otras de primera o de segunda persona, allí donde, siguiendo el eje de las dimensiones, predomina lo objetivo sobre lo subjetivo y lo intersubjetivo.

Para finalizar esta cuestión nos gustaría subrayar una vez más[31] la diferencia entre *el enfoque* y *el foco*: no es lo mismo el punto de vista adoptado (enfoque) que el terreno que quiere explorarse (el foco), de tal modo que lo que aquí queremos significar no es tanto que Espinosa se centre o ponga el foco más en la dimensión objetiva (puesto que obviamente ha dedicado muchas páginas a lo subjetivo y a lo intersubjetivo), sino que su enfoque tiende a esa objetividad que es propia de la Teoría y que promueve, gracias a su comprensión ponderada, de un tipo de libertad insustituible. Siendo éste un enfoque más bien tirando a raro, no es, evidentemente, exclusivo de Espinosa, y sí tiene una cierta génesis, que en su caso habría que ubicar en la tradición escolástica y en Descartes, ninguno de los cuales, sin embargo, llegó a desprenderse de los presupuestos metafísicos (en concreto, ese híbrido *mythos-logos*, ese apego irrenunciable a los dogmas de fe establecidos) como sí hizo Espinosa. Por ello el estudiante de Espinosa debería quizá empezar su estudio no tanto por la *Ética* sino por el *Tratado Teológico-Político*, porque es aquí donde comienza la desintegración de la piedra angular del sistema metafísico judío y cristiano, a saber, la certeza absoluta devenida de las Sagradas Escrituras como materia de fe indisputable, como Palabra de Dios inexpugnable por parte de cualquier tipo de crítica.

---

[31] Nuestro abordaje de esta cuestión, mencionada antes, y en otros escritos, como en *Filosofía y Revelación*, es muy insuficiente y me propongo desarrollarla algo más pormenorizadamente en otro trabajo (en marcha) sobre Kierkegaard, con el título provisional de *El Teatro Ascendente*, pero también la atacaremos en los capítulos finales de esta obra.

Espinosa se desenvolvería, pues, en un paradigma de tercera persona que contrasta con las presunciones de primera (individuales) y segunda persona (colectivas) típicas de la metafísica, pudiendo no obstante tratar de las cuestiones subjetivas (felicidad), intersubjetivas (políticas) y objetivas (física) que correspondan. Este paradigma de tercera persona viene a ser como la reflexión suprema de cada dimensión, es decir, *como su lado de fuera*; y es asimismo esta perspectiva la que permite una mirada irónica sobre lo contemplado, que, nótese, no descarta ni es capaz de descartar, aunque a veces parece que lo quisiera, que las decisiones y la incertidumbre existen.

Si prestamos atención, la historia de la filosofía moderna próxima y subsiguiente a Espinosa –Suárez, Leibniz, Malebranche, Wolff; por mencionar sólo algunas de sus figuras principales– podría leerse en términos de hasta qué punto los antiguos usos metafísicos, que eran principalmente de primera y segunda persona, eran capaces de adaptar, o incluso de contrarrestar según los casos, la fuerza de la visión desde esta tercera persona desprendida o no apegada a los resultados predichos o acostumbrados. A nuestros ojos, la batalla estaba perdida de antemano: el *logos* demanda una claridad sobre los materiales del pensamiento que no tolera ningún rescoldo mitificante, cosa que desde Newton sobre todo había establecido la ciencia sin ningún género de dudas. El golpe de gracia sobrevino posiblemente a partir del siglo XIX con el advenimiento de la teoría de la evolución en biología, que resquebrajaría sin remedio la narrativa de las Sagradas Escrituras como fuente de verdad en todos los contextos. No obstante, como hemos argumentado en *Filosofía y Revelación*, esto no significa ni el fin del *mythos* –que prosigue en el arte– y los significados que procura, ni el cese de lo transcendente en cuanto tal. Y, así, puesto que no se ha sabido reconocer los tipos de verdad y de discurso que implican cada uno, diferenciándolos adecuadamente, la batalla ha proseguido tan campante, por ejemplo con esa especie de reacción a la racionalidad moderna que constituye lo postmoderno llamando a la particularidad subjetiva. Sería preciso pues distinguir entre el enfoque y el terreno de cada una de las dimensiones, y así comprender que cada una tiene su forma de aproximación, que ni se pueden sustituir o mezclar con otras ni enarbolar como única.

Capítulo 4
El amor intelectual

Por retornar a la *Ética* o al arquitrabe propiamente filosófico, faltaría desentrañar al menos un punto decisivo más con el que el materialismo filosófico que sigue a Espinosa tiene de lidiar de modo inexcusable: ¿a qué se refería Espinosa con su tercer tipo de conocimiento? Y, en inmediata conexión con ello, ¿qué significa la extraña expresión *amor Dei intellectualis*?

El pasaje referente a los tres tipos de conocimiento, perteneciente al Escolio II de la Proposición XL de la Parte Segunda, merece citarse en extenso:

> En virtud de todo lo antedicho, resulta claro que percibimos muchas cosas y formamos nociones universales: primero, a partir de las cosas singulares, que nos son representadas por medio de los sentidos, de un modo mutilado, confuso y sin orden respecto del entendimiento (ver Corolario de la Proposición 29 de esta Parte), y por eso suelo llamar a estas percepciones «conocimiento por experiencia vaga»; segundo, a partir de signos; por ejemplo, de que al oír o leer ciertas palabras nos acordamos de las cosas, y formamos ciertas ideas semejantes a ellas, por medio de las cuales imaginamos esas cosas (ver Escolio de la Proposición 18 de esta Parte). En adelante, llamaré tanto al primer modo de considerar las cosas como a este segundo, «conocimiento del primer género», «opinión» o «imaginación»; tercero, a partir, por último, del hecho de que tenemos nociones comunes e ideas adecuadas de las propiedades de las cosas (ver Corolario de la Proposición 38; Proposición 39 con su Corolario, y Proposición 40 de esta Parte); y a este

modo de conocer lo llamaré «razón» y «conocimiento de segundo género». Además de estos dos géneros de conocimiento[32] hay un tercero –como mostraré más adelante– al que llamaremos «ciencia intuitiva». Y este género de conocimiento progresa, a partir de la idea adecuada de la esencia formal de ciertos atributos de Dios, hacia el conocimiento adecuado de la esencia de las cosas.

El 'más adelante' a que se refiere Espinosa apunta a las últimas Proposiciones de la Parte Quinta, que vienen a ser como la clave de bóveda de todo el sistema. Allí se enuncia expresamente que «del tercer género de conocimiento brota necesariamente un amor intelectual hacia Dios» (Corolario de la Proposición XXXII, Parte V), el cual –prosigue Espinosa en este mismo lugar– «no es en cuanto nos imaginamos a Dios como presente, sino en cuanto que conocemos que es eterno».

Este conocimiento de la eternidad de Dios ocupa un lugar preminente en las últimas proposiciones de la Parte V. Lejos de ser un conocimiento abstracto e indirecto, se trata de algo inmediato y palpable, ligado indisolublemente al bienestar subjetivo: «En virtud de esto, comprendemos claramente en qué consiste nuestra salvación o felicidad[33], o sea, nuestra libertad; a saber: en un constante y eterno amor a Dios, o sea, en el amor de Dios hacia los hombres» (Escolio de la Proposición XXXVI de la Parte V). Resulta poderosamente llamativo este pensamiento piadoso, que encaja no sólo con toda la tradición cristiana –pese a toda pendencia entre cristianos y espinosianos–, sino que explicita que el amor constante a Dios equivale al amor de Dios a los hombres. He aquí una intuición meridiana de lo que en el contexto de la espiritualidad oriental contemporánea ha venido a llamarse 'no-dualidad', es decir, donde lo absolutamente transcendente se encuentra con lo determinantemente inmanente. Un

---

[32] La diferenciación –crítica– entre los dos primeros géneros de conocimiento está explicada de un modo sobremanera iluminador en el Escolio de la Proposición XVII de la Parte II.

[33] Sobre el término 'felicidad' aquí utilizado, volveremos más adelante, pues el original en latín es *beatitudo*, no *felicitas*.

encuentro que ocurre necesariamente en el sujeto que se predispone a amar de ese modo, si bien también podría decirse que se trata de un movimiento universal, que no es exclusivo de nadie. Volveremos sobre este interesante punto más adelante.

Ya antes, en la Parte II por ejemplo, Espinosa había introducido una noción de eternidad, pero algo más comedida o tentativa. Así, en el Corolario II de la Proposición XLIV de esta Parte Segunda, Espinosa escribe: «Es propio de la naturaleza de la razón percibir las cosas *desde una cierta perspectiva* de eternidad», a lo cual, en una nota a pie de página, Gabriel Albiac comenta, siguiendo la Demostración subsiguiente, que esta perspectiva de eternidad –a la que Espinosa se referirá abundantemente en la Parte Quinta pero ya no 'desde cierta perspectiva', sino plenamente– no contiene ninguna atribución mística. Sin embargo, tanto el Corolario como la susodicha Demostración versa acerca de un tipo de conocimiento que habría que categorizar como racional, o sea, perteneciente al segundo género, allí donde la razón es capaz de considerar las cosas como necesarias, y en absoluto 'intuitivo' o capaz de comprehender el todo de golpe, que es lo que habría que atribuir a 'la eternidad'.

De este modo, la cuestión que planteábamos al inicio permanece, e incluso acrece: ¿en qué consiste, pues, el tercer tipo de conocimiento? O, puesto a la inversa: ¿cómo entender la eternidad de un modo no místico toda vez que este conocimiento racional de las causas pertenece al segundo tipo? Algo así sólo sería posible, tal vez, en el sentido de las matemáticas. Al menos en principio no podemos descartar esta explicación, puesto que, siguiendo el fragmento citado más arriba, al aportar más tarde un ejemplo que en teoría explicaría los tres tipos, encontramos que es de tipo matemático.

No obstante, esta explicación cojea por varias razones. En primer lugar, las matemáticas distan de ser un todo cerrado (eterno), aunque tal vez esto es algo que nos sea dado ver ahora[34] y no en la época de Descartes y Espinosa; en segundo lugar, el anclaje del tercer tipo de

---

[34] En *El Ser y el Acontecimiento*, siguiendo los pasos de los grandes matemáticos del XIX y del XX, sobre todo a Cantor, Alain Badiou ha refutado la idea de la sustancia única o universo con toda claridad desde el punto de vista puramente lógico y matemático.

conocimiento –llamado intuitivo, no lo olvidemos– no se muestra nunca como matemático en la Parte V, como es aparente por ejemplo en la breve cita más arriba, sino que concierne a una cuestión eminentemente ética, de la libertad; en tercer lugar, las matemáticas no dan pie a una comprensión inmediata del todo, que es lo que se requiere si hablamos de Dios y la eternidad. Las alusiones, siempre positivas, a las matemáticas, como en el Apéndice de la Parte I[35] no tienen que ver con la comprensión directa de Dios y su vinculación con la libertad, sino que son una referencia a un método de investigación que se opone al más fantástico de la especulación acerca de los fines, que según Espinosa resulta no ser más que desiderativo.

Supongo que habrá quien replique que se trata de una afirmación gratuita, pero en la Parte Quinta de la *Ética* se respira una atmósfera intensamente vedántica[36], y, en todo caso, como decimos, de seguro no acude para nada las matemáticas o a la geometría. La pregunta por el tercer tipo de conocimiento, intuitivo, donde el amor al todo que es Dios se trastoca en el amor de Dios a los hombres aguarda una respuesta, especialmente en esos frentes ahítos de autodenominarse materialistas, que parecen empeñados en reducirse a los dos primeros tipos de conocimiento espinosianos como si no hubiese un tercero o como si éste fuese más o menos explicable por los otros dos. Lo que se dibuja primorosamente en la Parte Quinta de la *Ética* es más bien que el tercer tipo de conocimiento es un tipo de visión directa, diá-

---

[35] Donde Espinosa escribe: «Y de ahí que afirmasen como cosa cierta que los juicios de los dioses superaban con mucho la capacidad humana, afirmación que habría sido, sin duda, la única causa de que la verdad permaneciese eternamente oculta para el género humano, si la Matemática, que versa no sobre los fines, sino sobre las esencias y propiedades de las figuras, no hubiese mostrado a los hombres otra norma de verdad».

[36] Nos consta que la biblioteca de Espinosa fue conservada tras su muerte, y es de suponer que se han realizado muchos trabajos acerca de las posibles influencias de sus lecturas en su sistema, entre las cuales –de nuevo supongo– no se encontraría ninguna de filosofía india, pero el parecido es tan penetrante, tanto en la forma como en el fondo, que la pregunta por el origen de su sistema permanecerá como una incógnita. Asimismo tampoco puede decirse que Espinosa haya tenido seguidores rigurosos de su sistema, quizá con la excepción –matizable– de Jorge Santayana.

fano, que goza inmediatamente de la infinitud y la eternidad de Dios; y que es, incluso, Dios mismo. No se trataría en absoluto del tipo causal y racional sobre el que Espinosa ha elaborado anteriormente (y cuya máxima expresión, como hemos notado, está acaso en el budismo primigenio con su noción de la originación dependiente, desustancializadora incluso de la propia desustancialización, y por tanto purificada hasta un extremo que no encontramos en Espinosa y que en la propia historia del budismo se perdió bien pronto, recuperándose solo ocasionalmente, como con Nāgārjuna). Aquí lo determinante es la eternidad sin más, y, si por supuesto a Espinosa no puede calificársele de místico en cierto sentido del término –en el de las visiones alucinadas, pongamos por caso–, resulta imposible alejar del todo la impresión de un misticismo en este tercer tipo de conocimiento, pues la razón que examina causas concretas no puede sostener la eternidad de ninguna de las maneras, y en ella no hay lugar para nada que pueda calificarse de 'intuitivo', como Espinosa expresamente lo designa.

Una teoría general de la causalidad, o sea, de dar razón de las causas de las cosas concretas, como la originación dependiente budista, tiene que prescindir de cualquier tipo de sustancialización; lo que significa, a la postre, que la realidad queda abierta por el principio y por el final. Como sucedía con 'Dios', la eternidad en Espinosa bebe del sedimento bíblico y judío, y por tanto no es deslindable de lo transcendente. No hay nada de 'eterno' en el reconocimiento de la necesidad causal; hablar de lo eterno es o bien una sustancialización o bien una importación al discurso desde otro lugar, o sea, desde la cultura de la revelación. Aunque Espinosa no expusiese lo trascendente a plena luz, sus disquisiciones se pasean continuamente por el alambre de eso que en la tradición cristiana se denominó Cristo, es decir, la unidad (hipostática, no mutable) entre lo divino y lo humano.

La Parte Quinta de la *Ética* manifiesta a las claras que el tercer modo de conocimiento o el amor intelectual a Dios es un tipo de aprehensión que engancha derechamente con la eternidad, con lo divino, con Dios, con el todo; no es un tipo de conocimiento mediador en aras de indagar y determinar causas concretas de cosas concretas, como sucede con el tipo racional. El tercer modo es el ver mismo de Dios, que a la vez es nuestro como humanos, si bien esto último impera habitualmente y ha de ser considerado en primer lugar, puesto que nuestra naturaleza está así limitada y la sabiduría consiste en reconocer tal limitación, como explica Espinosa magníficamente en el último capítulo (el XXXII) del Apéndice de la Parte IV. Este amor 'intelectual' hacia Dios que es también el ver de Dios sería, en principio, de naturaleza subjetiva, si bien su expresión o sus intuiciones podrían recaer sobre cualquiera de las dimensiones (la propia subjetividad, o en la intersubjetividad, objetividad o interobjetividad).

En una nota al pie ubicada en el Escolio a la Proposición XLVII de la Parte Segunda (págs. 182-183 de la ed. cit.) –es decir, poco después de haber afirmado que la razón percibe las cosas *desde una cierta perspectiva* de eternidad–, Vidal Peña señala con agudeza que hay una contradicción latente en cómo se compagina el *sub specie aeternitatis* con la duración o la existencia en las Proposiciones inmediatamente anteriores; es decir, que se da una ambigüedad en el tratamiento de Espinosa acerca de cómo se produce el conocimiento, a veces más propio del segundo género y otras del tercero, sin aclarar la confusión. En el Escolio, Espinosa había escrito que «vemos que la esencia infinita de Dios, y su eternidad, son conocidas de todos. Ahora bien, como todo es en Dios y se concibe por Dios, se sigue que de tal conocimiento podemos deducir muchísimas cosas que conoceremos adecuadamente, formando así el tercer género de conocimiento del que hemos hablado en el Escolio 2 de la Proposición 40 de esta Parte, y de cuya excelencia y utilidad tendremos ocasión de hablar en la Quinta Parte». Pero Vidal Peña no puede evitar ver la contradicción entre el segundo y el tercer tipo de conocimiento, que ora tienden a fundirse, ora a separarse, tal como nos sucede a nosotros también:

> Estamos aquí ante el problema planteado en la nota de la página 177 de esta Parte, y Spinoza viene arrastrándolo desde las dos proposiciones anteriores (la 45 y la 46). Veamos la argumentación. En la Prop. 45, Spinoza pretende demostrar que *cualquier* idea de cosa singular existente implica la «esencia eterna e infinita de Dios». Ahora bien,

en el Escolio de esta Proposición, Spinoza *reconoce* que las cosas singulares, en el plano de la existencia, lo que «implican» son *otras cosas singulares* (y debe reconocerlo, pues así lo ha afirmado en la Prop. 9 de esta misma parte), y no a Dios «en cuanto infinito». Para obviar esta dificultad, Spinoza dice que no habla de «existencia» en el sentido de «duración» (que es, notémoslo, el sentido ordinario de «existencia»: *existentia, sive duratio* es una expresión constante en Spinoza), sino de la «naturaleza misma de la existencia». ¿Qué quiere decir eso? Lo aclara en el mismo Escolio de la Prop. 45: la fuerza por la que *cualquier* cosa «persevera en la existencia» (subrayamos: *cualquier* cosa, *indistintamente*) se sigue (y por ello «implica») de la eterna necesidad de la naturaleza de Dios. *En ese sentido*, cualquier cosa existente implica la esencia de Dios, como propone en el enunciado de la Proposición, pues todas ellas obedecen a la misma necesidad divina. Pero, ¿qué significa «obedecer a la necesidad» si no es obedecer a un *orden* necesario en la producción de las realidades existentes? Si «implicar la existencia de Dios» significa «implicar la necesidad», se trata de saber qué quiere decir «necesidad», si no es un orden necesario. Ese orden podrá ser representado *sub specie aeternitatis* («al margen de la duración»), pero seguirá siendo un orden, una secuencia *orientada*, si no temporalmente, sí lógicamente. Pero, al decir que *cualquier* cosa obedece a la necesidad, no prescindimos sólo del orden en la duración, sino de la idea misma de orden: y de eso no puede prescindirse, salvo evacuar de todo contenido a la idea de «necesidad». No «cualquier» cosa obedece a la necesidad, sino que tal cosa *se sigue* de tal otra, y no de otra (no en la duración, si no se quiere, pero sí en el «orden», por intemporal que se conciba). Cuando en la Prop. 9 Spinoza decía que cada cosa singular tiene por causa a otra (y no a Dios «en cuanto infinito»), decía a la vez que la idea de cada cosa singular tiene por causa –o *ratio*, pues se trata de una «idea»– a otra idea de cosa singular. Esto es, que había no sólo un orden «existencial», sino «esencial».

Esto sentado, ¿cómo puede Spinoza concluir en este Escolio de la Prop. 47 que «como todo es en Dios y se concibe por Dios, se sigue que de tal conocimiento podemos deducir muchísimas cosas que conoceremos adecuadamente»? De tal conocimiento (de la «esencia infinita de Dios») podemos «deducir» *todo*, en efecto, es decir, no podemos deducir *nada* en concreto. Spinoza no ha probado que *cualquier* idea implique la esencia eterna e infinita de Dios, más que excluyendo el orden deductivo de esta «implicación» (como acabamos de ver): mal puede concluir ahora que, pues cualquier idea implica la idea de Dios, de ésta podemos *deducir* cualquier cosa. La «ciencia intuitiva» sigue sin probar su funcionamiento «deductivo», que está sólo *mencionado*, pero no *usado*. Sin embargo, la «contradicción» de Spinoza (contradicción con la Prop. 9, en concreto) es fecunda –sea o no deliberada–: la deducción es universalmente válida, salvo cuando se trata de deducir el universo. Por lo demás, ya el concepto mismo de Dios (Def. 6 de la Parte I) envolvía una fecunda contradicción de este tipo. Conciliar duración y eternidad es siempre la cruz metafísica de Spinoza y de donde provienen muchas de sus ambigüedades.

La exposición en la Parte V es esclarecedora con respecto al tercer tipo porque no se mezcla tanto con el segundo, pero sólo a condición de que uno abandone el barco de esa racionalidad característica de la investigación de causas concretas y adopte una perspectiva que aún me resisto a tildar de mística pero que, a falta de un término mejor, podría valer. En conjunto, el problema de la relación entre los tipos segundo y tercero se queda sin resolver puesto que habría que concluir que existen dos niveles, a veces unidos, a veces separados. Plausiblemente Espinosa se resiste a realizar este movimiento porque, de hacerlo, se aproximaría más de lo que deseaba al planteamiento clásico de la metafísica[37], que enfatiza ante todo los niveles

---

[37] Por ejemplo, la taxonomía de San Buenaventura de los tres ojos del conocimiento (ojo de los sentidos, de la razón y del espíritu) casa perfectamente

sin ver con la claridad precisa la concatenación causal, que, por repetirlo una vez más, en última instancia entraña una desustancialización y desabsolutización de todas las cosas y figuras, incluidas especialmente las mitificaciones, así como tampoco se presta a una diferenciación dimensional que, como veremos, para Espinosa es crítica.

En suma, ¿en qué consiste el amor intelectual a Dios? ¿Qué se esconde tras expresión tan anodina, aparte de un amor –acaso místico, de cualquier modo no excluyente de lo racional pero tampoco eminentemente racional, como en el examen de causas– por el todo? Según Albiac (*La Sinagoga Vacía*, pág. 130), el amor intelectual de Dios espinosiano ha de entenderse como una reacción a la tendencia marrana en virtud de la cual se apremiaba a una apasionada sumisión, al arrepentimiento y a cualidades piadosas similares. Sea como fuere, el término 'intelectual' en la expresión espinosiana podrá despistarnos dados nuestros hábitos lingüísticos, pero es indudable que Espinosa estaba refiriéndose a un tipo de ver directo que ha sido siempre el objetivo del misticismo (bastante coartado, por razones diversas que ya hemos examinado en otro lugar, en el cristianismo). 'Misticismo' también resulta confuso en nuestro contexto, pues Espinosa, como buen naturalista, parte de la realidad empírica, de la razón y de un compromiso moral con la verdad. Lo que sucede es que en los niveles o estadios transpersonales se conoce, en efecto, de una manera no discursiva, no causal-concreta, aprehendiendo el todo de un modo que no puede expresarse en palabras sino con gran dificultad y todo lo más mediante una inspiración al cabo efímera, reconocible tan solo por quien ha visto del mismo modo, y por tanto inexplicable, trans-racional (lo racional es, por definición, explicable). Es por ello también que Espinosa se refiere continuamente a la *beatitudo*, que Vidal Peña traduce como 'felicidad', cosa que no acaba de convencerme pese a las razones que aporta, pues en reali-

---

con los tres tipos espinosianos, sólo que en el filósofo medieval la distinción es más nítida, pues no tiene nada que ocultar acerca de los niveles. Por otro lado, hay que reconocer que, en la práctica, se mezclan, pues ¿qué o quién es al fin y al cabo el que realiza la comprensión de causas? Sea lo que sea, ha de sustraerse de algún modo de la cadena causal para poder efectuar la comprensión con la distancia debida, a la vez que sigue siendo plenamente participante, pues nada ni nadie se escapa de ella.

dad hay, de hecho, un componente de santidad, todo lo estoico que se quiera, en esa culminación moral.

El amor intelectual de Dios espinosiano es, pues, un discernimiento que pertenece a la subjetividad (eje dimensional), en sus niveles más elevados (eje estadial) y en el lado de dentro, el cual no obstante se refleja (lado de fuera) filosóficamente y por tanto tiende a desplegar sus efectos en todas las dimensiones. El materialismo filosófico tiende a ver en él un salto a una perspectiva de tercera persona –que es, en efecto, lo que hace la filosofía, siguiendo aquí de cerca a las ciencias más que al arte– que una cuestión estadial, pues conceder esto último obligaría a entrar en el tema de desarrollo subjetivo transpersonal, que históricamente ha estado ligado a la metafísica y el idealismo, y por ello tiende a ser descartado o sometido a tal purga que tras ella apenas queda nada de la verdad que allí se descubre—y que Espinosa, indiscutiblemente, divisó[38].

Acaso una observación del *Tratado Teológico-Político* arroje luz sobre este tipo de ver:

---

[38] Tanto es así que la inclusión de Espinosa en la categoría de los ateos sólo tendría validez dentro de determinadas coordenadas, por más que se esgrimiera en su contra tantas veces y tan vitriólicamente durante los siglos posteriores a su muerte... y después reapropiada por parte de ateos fehacientes, hechos y derechos o no 'vergonzantes' (como en la expresión de Engels). El tercer modo de conocimiento, bien visto y entendido, coloca las cosas en otra perspectiva, que no se deja moldear ni por la creencia ni la increencia. Así, el Escolio de la Proposición XXXIX de la Parte IV contiene dos observaciones acerca de la vida tras la muerte que son bastante reveladoras (pese a que Albiac no quiera entrar en ellas, como sí ha entrado en otras). Escribe Espinosa: «No me atrevo a negar que el cuerpo humano, aun conservando la circulación sanguínea y otras cosas que se piensan señales de vida, pueda, pese a ello, trocar nuestra naturaleza por una completamente distinta. En efecto: ninguna razón me impele a afirmar que el cuerpo no muere más que cuando es ya un cadáver. La experiencia misma parece persuadir más bien de lo contrario». La idea está presente de un modo mucho más diáfano en la Proposición XXIII de la Parte V: «El alma no puede destruirse absolutamente con el cuerpo, sino que de ella queda algo que es eterno». ¿Cómo lo sabía Espinosa?

Puesto que Dios se reveló a Cristo, o a la mente de Cristo inmediatamente, y no como a los profetas mediante palabras y símbolos, hemos de suponer que Cristo percibió verdaderamente lo que se le reveló; en otras palabras, lo comprendió, pues una materia es comprendida cuando es percibida simplemente por la mente sin palabras ni símbolos.[39]

En todo caso, una aprehensión semejante puede darse en los más variados escenarios y reflejarse de modos no filosóficos, como en el arte (primera persona) o incluso en lo político (segunda persona), como sucede con la eucaristía, aunque ésta sea una cuestión en la que no podemos entrar aquí. Y es misión del filósofo, especialmente del materialista si en verdad quiere tener en cuenta todos los materiales, detectarla allí donde se encuentre—lo que implica localizarla en un mapa capaz de comprehenderla.

---

[39] Cfr. *Tratado Teológico-Político*, cap. IV ('De la ley divina'), pág. 64. En esta ocasión he utilizado la versión inglesa de Elwes (la traducción es nuestra), que me ha parecido más clara y satisfactoria que la española de Domínguez, que no obstante usaré en alguna ocasión.

Capítulo 5
Unidad, pluralidad, infinitud

Como hemos visto, la *Ética* contiene nociones o rastros sumergidos del eje estadial (donde se da un crecimiento o grados de perfección o un orden evolutivo a mayor complejidad, sabiduría, amor, libertad, etc.), del eje dimensional (donde las dimensiones llegan a tratarse separadamente –sobre todo en el *Tratado Teológico-Político*, como veremos con detalle en los dos últimos capítulos– pero no se distinguen filosóficamente, siendo la *Ética* deudora de la clasificación bimembre descartiana, que, según Vidal, en Espinosa habría que ampliar a trimembre, como mencionamos en la nota 23), y del eje polar o latitudinal en cada una de las dimensiones (como en la *natura naturans* y la *natura naturata*), sin por lo demás estar completamente explicitados y explicados.

Además de razones históricas obvias –es decir, habida cuenta lo que se había asimilado epistemológica y gnoseológicamente hasta el momento– y de otras causas menores a que también nos hemos referido, el motivo de fondo por el que no se alcanza un desarrollo pleno de estas cuestiones reside en distintas suertes de sustancializaciones que provocan, inadvertidamente, ciertas inconsecuencias en el sistema. Veamos algunas de ellas.

En primer lugar, si, como establece Espinosa, «ninguna sustancia puede ser producida o creada por otra cosa» (Escolio a la Proposición XV de la Parte I) se sigue necesariamente que, o bien la sustancia es eterna y una, o bien que no hay sustancia en absoluto. La primera opción no parece viable, pues de sostenerse con todo rigor no abriría jamás las puertas a la pluralidad, cosa que no es manifiestamente el caso del sistema de la *Ética*. Más bien lo que muestra esta obra es la ambición de sostener una concepción del mundo racional (es decir, causal) y desustancializada. Ahora bien, es como si Espinosa estuviese a punto de alcanzar esta visión desustancializada de la Naturaleza y desustanciliazdora de la filosofía pero no lograse culminarla, enmarcando en cambio su sistema dentro de la idea de la Sustancia Única heredada de Descartes.

Según Albiac[40], la unidad de la sustancia espinosiana que conforma la Parte I de la *Ética* y que, de nuevo de acuerdo con Vidal Peña, plantea una incongruencia con el resto de la obra por la por otro lado ineludible pluralidad ontológica que se deriva del examen de causas concretas así como por la infinitud, parte de *Los Principios de la Filosofía*, I, 51, de Renato Descartes. Allí, Descartes había escrito:

> Cuando concebimos la sustancia, concebimos sólo algo que existe de tal modo que no precisa más que sí mismo para existir. En lo cual puede existir una oscuridad referente a la expresión 'no precisar más que de sí mismo'; pues, hablando con propiedad, no hay sino Dios que sea tal, y ninguna cosa creada hay que pueda existir ni un solo momento sin ser sostenida y conservada por su potencia. De ahí que tenga razón la Escuela al decir que la palabra sustancia no es unívoca respecto de Dios y de las criaturas, es decir, que no hay ninguna significación de esa palabra que concibamos con distinción y que convenga a ambos: mas, como entre las cosas creadas las hay de tal naturaleza que no pueden existir sin algunas otras, las distinguimos de aquellas que no precisan sino el concurso ordinario de Dios para existir, llamando a éstas sustancias y a aquéllas cualidades o atributos de estas sustancias.[41]

En efecto, este parece el pasaje inspirador de la Parte I de la *Ética* en lo que se refiere tanto a la definición de la sustancia como auto-subsistencia, que sólo podría adjudicarse a Dios –lo que, en fondo, viene a ser como no adjudicárselo a nada–, como en ese coletazo metafísico que supone agarrarse al clavo ardiendo de 'ciertas cosas'

---

[40] Cfr. *La Sinagoga Vacía* (Tecnos, 2013), pág. 210.
[41] Descartes, *Los Principios de la Filosofía* (Alianza, 2022), pág. 52.

que «no precisan sino el concurso ordinario de Dios». Es decir, ni se anda hasta el final el camino desustancializador ni se colige un lado transcendente que está en absolutamente todo lo que caiga bajo nuestra mirada. Asimismo, y también de acuerdo con Albiac, el parágrafo 52 de los *Principia* de Descartes habría operado como un 'fogonazo' en Espinosa que facilitó el divorcio entre Dios y la Naturaleza, pero que sobre todo ayudó a la eliminación del 'Dios de las finalidades'[42]. Sí hubo, sin embargo, como hemos visto, un punto en que Espinosa rebasó a su maestro, y es que habría llevado tan lejos como le fue posible –sin dejar de colgarse aún a Dios como Sustancia Única– la cadena de la causación hasta el infinito.

Las observaciones de Albiac en torno a que la idea espinosiana de la prolongación *ad infinitum* de las razones supone el golpe definitivo a la filosofía de Descartes son de gran enjundia[43]. Según Albiac, Espinosa habría quedado tan desconcertado por esta idea en su primera propuesta –aparecida en el *De intellectus emendatione*– que se vio forzado a detenerse, dejando el tratado sin acabar, para después remacharlo en la *Ética*. Eso sí, con cierta trampa y manteniendo aún un hilillo de metafísica: el de la sustancia única o Dios. Así, pues, el cuelgue al 'ente perfectísimo' como idea-guía del conocimiento y como quicio del método planteado en *De intellectus emendatione* (*TIE*, 16, 4-10, citado en pág. 438 de *La Sinagoga Vacía*) no habría sido, en realidad, nunca superado del todo.

Semejante enmarque produce una tensión tan inútil como distorsionadora a la hora de reconocer la pluralidad de las cosas y su permanente transformación. Así, cuando afirma en el Escolio de la Proposición XVII de la Parte I que «ni el entendimiento ni la voluntad pertenecen a la naturaleza de Dios», Espinosa debe estarse refiriendo a Dios en el sentido metafísico, que procuraría desmitologizar, pero carecería de sentido en tanto que voluntad y entendimiento existen en

---

[42] *Idem*, pág. 390. La adjudicación de esta idea al §52 de la Primera Parte, intitulada "Cómo se conoce la sustancia", debe ser incorrecta, pues no versa ni sobre lo uno ni sobre lo otro. Tal vez Albiac se refería en cambio al §28 de la Primera Parte, titulado "No es preciso examinar en razón de qué fin Dios ha hecho las cosas".

[43] *Idem*, págs. 434-437.

la naturaleza, es decir, en los hombres (y los animales), es decir, también en Dios como Sustancia Única, que previamente había sido establecido como lo único existente.

Aquí asomaría un segundo punto. Pese al empeño desmitologizador que permea toda la obra y que a nuestro modo de ver es de los más fulgurantes y a la vez ponderados que ha producido la filosofía moderna, Espinosa se permite ocasionalmente un discurso mitologizante, pero sin aclarar por qué, cuándo es admisible o cómo ha de producirse legítimamente. Por ejemplo, hacia el final del Apéndice de la Parte I, Espinosa escribe: «¿Por qué Dios no ha creado a todos los hombres de manera que se gobiernen por la sola guía de la razón? Respondo sencillamente: porque no le ha faltado materia para crearlo todo, desde el más alto al más bajo grado de perfección; o, hablando con más propiedad, porque las leyes de su naturaleza han sido bastante amplias como para producir todo lo que puede ser concebido por un entendimiento infinito». Es decir, Espinosa salta al plano metafórico de la metafísica cuando se le antoja. No tendríamos nada que objetar, pero a condición de aclarar por qué este tipo de discurso es aún permisible, cuándo lo es y/o cuándo toca purgarlo, y finalmente cómo se puede deambular de uno a otro.

Por cierto que la expresión 'leyes de su naturaleza' en la cita anterior es interesante porque en otros lugares Espinosa había querido dejar claro que el orden es del pensamiento y no de las cosas («confunden la imaginación con el entendimiento, creen por ello firmemente que en las cosas hay un Orden», de nuevo en el Apéndice de la Primera Parte), lo que no encaja con esta otra afirmación taxativa de un orden en la naturaleza. Así, de nuevo, surge la cuestión: ¿hablaba metafóricamente cuando menta esas leyes? Si es así, ¿por qué aquí sí es legítimo, o, por decirlo de otro modo, por qué cuando lo hace la metafísica no lo es?

También puede percibirse que el orden enclavado en la *res cogitans* y no en la *res extensa* acusa un marcado subjetivismo[44], que también procede de Descartes. La Definición IV de la Parte II dicta: «Entiendo por idea adecuada una idea que, en cuanto considerada en

---

[44] Que yo haya notado, el término 'sujeto' apenas aparece en la *Ética*, y su súbita mención en Proposición V de la Parte III resulta un tanto chocante.

sí misma, sin relación al objeto, posee todas las propiedades o denominaciones intrínsecas de una idea verdadera». A lo que sigue la Explicación: «Digo intrínseca para excluir algo extrínseco, a saber: la conformidad de la idea con lo ideado por ella». Es como si las ideas no tuviesen que ver con las cosas, en un dualismo que no se compadece con nada que pueda denominarse una ética aspirante a la verdad y la libertad personal y colectiva, o, más aún, con una realidad en que lo subjetivo, lo objetivo, lo intersubjetivo y lo interobjetivo son co-originales.

Ninguna dimensión es la determinante. Las dimensiones son autónomas en el sentido de que no pueden mezclarse los tipos de orden que pertenecen a cada una, descubriendo una realidad admirable desde distintos ángulos. Idea que está por cierto expuesta de modo brillante en la Proposición II de la Parte III, donde se muestra que no hay diferencia entre alma y cuerpo, siendo más bien dos modos distintos de ver la misma realidad y por consiguiente donde la una no podría determinar a la otra. Pero una vez más Espinosa parece desdecirse con su ejemplo en el Escolio a esta misma Proposición, cuando indica que «en los animales se observan muchas cosas que exceden la humana sagacidad, y los sonámbulos hacen en sueños muchísimas cosas que no osarían hacer despiertos; ello basta para mostrar que el cuerpo, en virtud de las solas leyes de su naturaleza, pueden hacer muchas cosas que resultan asombrosas a su propia alma». Si lo que se quería mostrar es que cuerpo y alma son en el fondo lo mismo, y que la diferencia es meramente de perspectiva, o sea, de cómo o desde dónde se ve, acaso no es la mejor ilustración apuntar que el cuerpo puede hacer cosas que el alma no comprende. En este supuesto más bien habría que concluir que cuerpo y alma son esferas correlacionadas pero independientes, cruzadas en ocasiones. Por otro lado también es verdad que, como señala Vidal Peña, en este Escolio se aprecia que Espinosa está más empeñado en «subrayar la independencia del cuerpo que la del alma», remarcando así su materialismo en sentido contrario a la acción del alma sobre el cuerpo típica del descartismo y de toda la tradición metafísica.

Así, la cuestión central en torno a la relación –o su falta, o su mutuo reflejo– entre los dos atributos, entre lo interior y lo exterior, aparece un tanto enmarañada en el dominio ético, puesto que, como ya observamos en un capítulo anterior, en ciertos lugares Espinosa asegura que la libertad es el reconocimiento de que estamos completamente determinados (esa trituración inicial de la idea común de libertad según la cual en cierta franja de indeterminación podemos hacer lo que queramos), y, en otros, nos dice que lo más deseable es realizar lo que exige la naturaleza propia (Escolio I de la Proposición XXXVII de la Parte IV: «La verdadera virtud no es otra cosa que vivir según la guía de la razón, y la impotencia consiste solamente en el hecho de que el hombre se deja llevar por las cosas exteriores, y resulta determinado por ellas a hacer lo que la ordinaria disposición de las cosas exige, pero no lo que exige su propia naturaleza»), cuando, por lo demás –ya lo indicamos también antes–, no puede haber naturaleza propia (o sustancia) más que la de Dios.

Mas es evidente que: 1) desde un punto de vista convencional, no riguroso, puede hablarse de sustancias, en plural (sabiendo que no las hay, que todo está causado por otra cosa y por tanto no hay una 'naturaleza propia' en ningún sitio, pues tan pronto como miramos esa supuesta sustancia de cerca vemos que está compuesta de otras, y así *ad infinitum*, hasta un 'lugar' que no se podría absolutizar más que metafóricamente, desde luego no filosóficamente); 2) que estas sustancias, pongamos las personas, están tan determinadas por lo exterior como por otro lado son capaces de decisiones propias que conllevan unas u otras consecuencias, sin que éstas puedan conocerse de antemano y solamente *a posteriori*, lo que se suele llamar libertad o libre albedrío; 3) que, en esta dinámica causal o de producción, la apelación a Dios como ente separado o como única sustancia es tan improcedente como inútil; 4) que, en general, se produce un aprendizaje en virtud del cual se desarrolla una racionalidad, la cual repercute en mejores decisiones y menos sufrimiento personal y ajeno; 5) que este aprendizaje es susceptible de análisis y categorización, y que se impone naturalmente como un orden jerárquico-evolutivo de cosas (físicas, técnicas, morales, espirituales, políticas estéticas) mejores y peores; 6) que puede fantasearse con un Bien último sin que sepamos jamás qué es o en qué puede consistir, susceptible por tanto más de una evocación poética que de un conocimiento filosófico, el cual tampoco puede decantarse por la imposibilidad de su existencia (que sería el extremo del nihilismo, opuesto al igualmente perjudicial extremo del absolutismo); 7) que los órdenes de crecimiento o aprendizaje son de múltiples tipos, así como sus clasificaciones, y que ninguno de los tipos o las clasificaciones de los mismos son definitivas, sino meramente provisionales; 8) es decir, volviendo al primer punto, que los pensamientos acerca de la realidad han de estar inoculados de desustancializaciones constantes, y que cualquier pretensión de absoluto en este sentido es una forma de locura; 9) que la determinación de causas (y su sentido de la libertad) sólo puede ser *a posteriori*, mirando hacia atrás (lo que llamamos el lado de fuera) y que de cara al futuro (en el lado de dentro) no hay tal, sino más bien incertidumbre y apertura a lo transcendente, o incluso, si se quiere poner así, vértigo de la libertad; 10) el cual o la cual, por otro lado, queda suspendido en un tipo de ver directo de la realidad toda presente, que Espinosa acertó plenamente en detectar, y que es enteramente aproblemático pues anida en la eternidad.

El sistema filosófico de Espinosa comporta un momento clave en la historia del pensamiento pues incide, sin posible vuelta atrás (aunque todavía quedase mucho tiempo por delante hasta mostrarse de un modo más generalizado), en el agotamiento del transcendentalismo (metafísica), imponiéndose en cambio la necesidad de establecer un pensamiento inmanente profundo y cabal, sin distorsiones. Sin embargo, y pese a la tremenda lucidez de un texto como la *Ética*, al que uno puede retornar incansablemente, el giro hacia lo inmanente no está completado o es del todo coherente, sin por ello dejar de ser deslumbrante, audaz, y en tantos sentidos –sobre todo allí donde lo racional ha de ser purgado de todo elemento mítico– irresistiblemente sanador.

La explicación que nos ofrece Gabriel Albiac en su ya clásico trabajo sobre el trasfondo de la filosofía espinosiana, que carga las tintas sobre la situación de desarraigo de los marranos, no nos parece que acierte con el sentido del vuelco –o revolcón– que produce su sistema en el suelo metafísico, ni tampoco en la génesis de la formación de semejante sistema, por más que propicie sin duda las condiciones adecuadas para su desarrollo. La indiferencia sideral de Espinosa por el cristianismo tradicional tiene, como siempre, una doble cara en virtud de la cual, por un lado, permite el desprendimiento de un pesado bagaje que hacía imposible el mencionado vuelco (amén de capacitar para ver a Jesucristo desde una perspectiva más refrescante), pero también tornándole incapaz de ver –cosa que difícilmente podemos achacarle al propio Espinosa, habida cuenta de que en realidad apenas nadie se ha percatado de ello hasta hoy– el modo en que tanto su tercer modo de conocimiento como los dos lados de la Alternancia (expresados en la naturaleza naturada y naturaleza naturante) apuntan a la unión y separación simultánea entre la naturaleza divina y la humana que es Cristo[45].

No haber consumado el vuelco inmanente, sin apelar en ningún momento a Dios como Sustancia y dejando por tanto la cuestión de lo primero y lo último suspendida pues no puede tener jamás una respuesta filosófica, siendo más una cuestión perteneciente a lo que conviene seguir llamando de fe, impide a Espinosa comprender plena y coherentemente el segundo modo de conocimiento, el racional, de acuerdo con el cual procuramos comprender las causas de las cosas concretas sin más tribulaciones metafísicas, y, por otro lado, entorpece asimismo la consideración del papel de la gracia, de la fe o de lo transcendente, que están equivocadamente localizados o ignorados.

---

[45] Siempre que mantengamos la ecuación Jesús=Dios, es decir, la identidad divina singularizada exclusivamente en una persona concreta, como contrapuesta a la fórmula más propia del *logos* Hombre=Cristo, resulta ineludible una metástasis mitologizante: por un lado, una especie de singular antropolatría; por otro, una entificación mitificante de Dios. Sin duda ésta es una de las razones principales por las que el misticismo cristiano ha sido tan controvertido y problemático dentro de su propia tradición, tanto más cuanto más se reifique la figura divina de Jesús (es decir, más en el protestantismo que en el catolicismo, y más en éste que en el cristianismo ortodoxo). Es como si nadie se atreviese a hablar en términos de la segunda fórmula, acaso por miedo a pretender saber qué es ser Cristo de un modo equivalente al paradigmático Jesús. Kierkegaard se encarga de recordarnos lo ridículo de semejante pretensión en los términos más tajantes, pero tampoco sin exageración y con una cristología más sentida que estudiada. La cuestión, en todo caso, no es esa –a saber, hasta qué punto uno, subjetivamente, se encuentra al mismo nivel–, sino que se trata de una cuestión teológica y dogmática, es decir, acerca de cómo proponerla de un modo filosófico y universal, lógico. En última instancia, lo subjetivo es una cuestión de fe (en la Resurrección), y ésta es personal e intransferible—lo que no implica que no pueda hablarse de ella y que no existan maneras más o menos correctas de hacerlo.

Algo que, dicho entre paréntesis, y por entroncar con las dos principales 'obsesiones' de Albiac (Espinosa y Pascal), nunca sucedió con el segundo.

Acaso también por esta razón el papel del sujeto en el sistema de Espinosa no quede del todo claro; confusión que se ha transmitido al materialismo en general y al 'materialismo filosófico' de Bueno y su escuela (tema sobre el que abundaremos en breve). La perspectiva distanciada del sistema de Espinosa, o, más concretamente, el punto de vista de tercera persona con que se tratan los asuntos, que es característico de la mejor filosofía, causa la impresión de que el sujeto no aparece, no es necesario o importante. Ahora bien, tanto en el segundo tipo de conocimiento como no digamos ya en el tercero, el sujeto que comprende las causas de las cosas como el que ve directamente la realidad toda es eminentemente un sujeto dotado de voluntad y entendimiento y, en esencia, insustituible, y por ello digno en sí mismo de estudio.

La comprensión de causas no comporta sólo una operación racional exteriorista al modo de una hipótesis científica en el dominio físico, que también, sino que, como está contenido en la propia designación de una 'Ética', se trata de un tipo de comprensión que concierne a la vida afectiva y a la libertad personal y colectiva. No sorprende, por tanto, que una vez digerida la carcasa del sistema espinosiano emergiese un idealismo recargado de fuerzas (como se comprueba por ejemplo en la correspondencia de juventud entre Schelling y Hegel, siendo el primero de éstos el que es consciente de haber atravesado una purga con la lectura de Espinosa, a despecho de las dificultades personales y sociales que entrañaba), el cual también habría acabado por perder de vista los elementos subjetivos constitutivos del sistema espinosiano[46]. La potencia explicativa de las ciencias en sus terrenos,

---

[46] El Preámbulo de la *Fenomenología del Espíritu* contiene varios puntos específicos de crítica a Espinosa. En el segundo de ellos (pág. 123 de la edición de Pre-Textos), Hegel, desde nuestro punto de vista, no acierta, pues la Sustancia de Espinosa no es indiferenciada, como supone aquí. Tampoco creo que atine con el tercero, que consistiría en acusarle de no haber diferenciado entre ser y pensamiento, cuando uno considera la distinción entre *natura naturans* y *natura naturata*. Algo después (pág. 124), Hegel escribe que «la sustancia viva no es sino el ser que en verdad es sujeto», lo cual se

que muchos pensadores quisieron importar a los demás, vino a acentuar el abismo, abocando a sucesivas reacciones subjetivistas, tales como la romántica, que aún asolan nuestro panorama, como en eso que se conoce como la filosofía *new age*, plagada de elementos regresivos, 'anti-occidentales' y anti-científicos (o pseudo-científicos, según los casos), o a formas renovadas de idealismo, como en la fenomenología. Todo lo cual está de algún modo incluido y superado en la *Ética* si atendemos bien a todos sus componentes, por muy dispersos y deslavazados que se presenten. La fenomenología, por ejemplo, debería acercarse más al tercer género de conocimiento espinosiano[47], aunque prefiera rastrear sus orígenes en el subjetivismo descartiano.

Por aquí se desliza la Ilustración moderna –tanto la más soterrada en España como la suave o la radical en Europa– como un movimiento, más o menos veloz y más o menos completo, hacia un inmanentismo racional compensador del transcendentalismo mítico-metafísico previo, que a su vez pronto encalló en sus propios dogma-

---

nos antoja como rizar el rizo de la posible confusión. Cierto que Hegel alude aquí a que la cosa tiene que ser pensada (conciencia), pero la identidad entre ser y sujeto dista mucho de ser evidente. Con todo, Hegel siempre tiene una manera de escapar de la muchedumbre conceptual con jugosas intuiciones: «Que lo verdadero sólo es real como sistema, o que la sustancia es esencialmente sujeto, es lo que se expresa en la representación que entiende al Absoluto como Espíritu, el concepto más sublime, que pertenece a la época moderna y su religión» (pág. 129).

[47] En ese instante de atención del tercer género marcada por lo eterno sólo la asistencia a lo que sucede importa. Sin embargo, aunque Espinosa no abundase en ello, somos despedidos de él, violentamente si se quiere; de ahí que haya que retornar. Éste es el nudo –imposible de deshacer– de la Gran Alternancia. Cuanta más atención pongamos aquí, mayor es la aceleración: desde el segundo género (racional) se nos antoja un cada vez saber menos – que es lo que claman los místicos–, pero desde la propia atención al Instante supone un conocimiento cada vez mayor, aunque de una clase que escapa a la definición en los términos de segundo. La Alternancia es esta ambivalencia: por un lado, cada vez menos, por otro cada vez más. Y por ello aquí las viejas cuestiones metafísicas volverían a surgir: ¿plan divino o incertidumbre total? Podría irse por cualquier lado, sin que se excluyan. Más bien son complementarios pero incompatibles.

tismos, reduccionismos y manierismos[48]. La recuperación de lo inmanente, o, por mejor decir, de un curso de exploración racional de causas concretas de las cosas, sin apelaciones metafísicas a un absoluto que nos desvían del camino recto con fantasías más o menos alambicadas, era imprescindible. Mas, al perderse el sentido vertical, estadial, así como el integral de la metafísica –inherente a ella aunque no desglosado o suficientemente diferenciado, sobre todo en lo dimensional–, comienza una carrera ideológica fatal, generadora de todo tipo de reacciones, las cuales a su vez se tornan en más o menos virulentas y restringidas.

Esto nos trae a un punto histórico-filosófico clave: ¿es posible defender las virtudes de ambas la metafísica y la ilustración como criticar sus defectos? ¿Puede formarse una visión integral (completamente vertical y completamente horizontal) postmetafísica, que permanezca en continua revisión pero que supere las parcialidades previas? En el transcendentalismo metafísico persiste el regateo de una racionalidad que no acude a algún absoluto, y consiguientemente de huida hacia delante, hacia un estrato superior. Pero en la negación inmanentista de la negación transcendentalista puede haber también algo de paradójico olvido de las razones por las que se supuso algo superior, como si en el trabajo de la comprensión de causas no estuviese inscrito un motivo transcendente que, como advierte Espinosa, apunta a la eternidad, es decir, a algo que no podemos definir de ninguna de las maneras.

De cualquier modo, es bastante claro que el horror inicial que produjo Espinosa en el mundo intelectual, mayormente sin haberle leído y que se propagó como un rumor insidioso por todas partes, trae su causa del resquebrajamiento y derrumbe del edificio metafísico que propicia su sistema y que se avecinaba ya desde distintos frentes (políticos, científicos, técnicos, económicos, espirituales), frente al cual se yerguen en vano los Malebranche o Leibniz, con un Descartes desarticulado que se puede utilizar de múltiples maneras y que, en

---

[48] Resulta muy interesante el estudio de José Jiménez Lozano acerca de los cementerios civiles en España, donde se ve diáfanamente hasta qué punto el secularismo fue replicando las maneras típicamente clericales, por más que en la superficie quisiera plantearse como en sus antípodas.

mi opinión, pese a su apego e inspiración, Espinosa no necesitaba en absoluto. Es más, como hemos visto, lo que Espinosa debe a Descartes fue hasta nocivo para el naturalismo que profesa.

Capítulo 6
El materialismo de Espinosa

Sería instructivo catalogar todos los lugares del Materialismo Filosófico (concretamente en la obra de G. Bueno) en que, por un lado, se dice o insinúa estar abierto a lo subjetivo como parte del material a partir del cual se construye el sistema (o a partir del cual hay, de hecho, filosofía [materialista]), y, por otro lado, aquellos otros en los que se cierra esta vía o se comprime en alguna forma de exterioridad. Sólo de este modo podría presentarse una crítica mínimamente exhaustiva que permita divisar hasta qué punto se liquida todo un mundo de prácticas que cualquiera podría emprender y cuyo paradigma nuclear es la concentración en el instante (ahí se juntan ebriedad, contemplación y oración[49]), donde se entra en lo transpersonal, y a partir de la cual pueden reinterpretarse textos e ideas tanto antiguas como más modernas acerca de este proceso. Como hacíamos antes (cfr. pág. 53) con la diferenciación entre el enfoque y el foco, también aquí habría que distinguir entre punto de partida –mágico, mítico, metafísico, racional, integral–, que son los términos en que se procuraría describir la experiencia, y el territorio propiamente dicho, que acaso se ha ido dibujando con cada vez más definición con el tiempo, siendo la modernidad –entendida ésta en su sentido amplio y especialmente comprehendiendo la española, con sus místicos y escritores religiosos– un pivote en el tratamiento del tema[50].

---

[49] Cfr. mi *Ebriedad, Contemplación y Oración*, el primer Satélite de *Filosofía y Revelación* (Manuscritos, 2021).
[50] De nuevo recomendaríamos *La Religión del Mañana* de Ken Wilber para un escrutinio tan iluminador como exhaustivo de la cuestión del punto de partida (estadio desde el que se parte o expresa una realidad psíquica determinada) y el territorio explorado.

De momento, empero, nos conformaremos con algunas pinceladas sobre la exposición del sistema del materialismo filosófico de cara a su organización general (ontología general y especial), y específicamente a partir del modo en que la filosofía de Espinosa ha colaborado a su establecimiento o refleja algunos de sus principios. Para ello seguiremos en un primer momento el terso trabajo de Vidal Peña, *El Materialismo de Spinoza*, fundado en el materialismo filosófico de Bueno –en concreto sus *Ensayos Materialistas*–, para después (siguiente capítulo) centrarnos en una de las últimas, si no la última obra 'formalmente' filosófica del propio Bueno, *El Ego Transcendental*.

En la obra mencionada, Peña nos recuerda que:

> Una de las pretensiones del materialismo filosófico es la de criticar la asociación 'Materia-Cosmos' (entendido éste como unidad), por considerarla como una hipóstasis injustificada de uno de los géneros especiales de materialidad; por considerarla como una confusión de lo que es una parte de la Ontología especial con la Ontología general.[51]

El problema esbozado aquí de la relación entre ontología-general (la Materia) y la ontología-especial (sus tres géneros de materialidad) –distinción que, como creo que hemos apuntado ya, proviene de Christian Wolff–, es decir, de la medida en que se confunden o en que uno de ellos quiere absorber a los demás, es exactamente el problema de la Trinidad (Dios Trino, pero Uno). Buena parte de lo que se conoce como materialismo ha tendido a ignorar este ancestro porque sus prejuicios anti-religiosos no le permitían ver que en la teología dogmática están latentes todos los problemas filosóficos fundamentales. Éste no es sin embargo el caso del materialismo filosófico de Bueno, que sí se ha tomado en serio los materiales teológicos.

Un problema enlazado con este asunto, pero de fondo, es que la teología tradicional mezcla *mythos* con *logos*, o sea, introduce en la Trinidad un componente mítico-personal (Jesús como Dios) a tenor de la cuestión del papel del Hijo (una figura mítica, narrativa), identi-

---

[51] *Op. cit.*, pág. 55.

ficado con el Logos joánico, y por tanto no deja ver con claridad ni la Trinidad como eje dimensional (géneros de materialidad) ni Cristo como eje polar o como los lados transcendente-inmanente que laten en toda ocasión. En cualquier caso, la cuestión de cómo se relaciona la ontología-general (M, Materia) con la ontología-especial (M_1, M_2, M_3, los tres géneros de materialidad), es decir, de cómo Dios es Uno y Trino a la vez, se remonta a muchos siglos antes de la formulación de cualquier materialismo con coordenadas modernas.

El modo en que Bueno resuelve este problema en los *Ensayos Materialistas* así como en otros lugares nos parece de lo más solvente[52]. En la cita más arriba Peña simplemente centra la cuestión en el modo en que el Cosmos, que corresponde al género de materialidad objetivo, M_1, tiende a confundirse con el todo material, M, y por tanto en cómo cierto materialismo no es más que cosmismo (o fisicalismo): reducción a sólo uno de los reinos. Ahora bien, salvando el cosmismo entendido como corporeísmo, que es lo que nosotros denominaríamos 'objetivismo', la idea de universo –y así de universalidad– no quedaría desbancada, del mismo modo que Dios Trino no prescinde nunca de su Unidad. Una refutación de la unidad no puede provenir ni de la subjetividad ni de la intersubjetividad ni de la objetividad, como tampoco de la ontología-general: a condición, claro, de que la Unidad no sea hipostática o sustancial, es decir excluyente de la multi-dimensionalidad. En la Trinidad semejante sustancialización jamás podría ser el caso, pues no sólo de habla de tres dimensiones igualmente importantes, sino también es evidente que el Padre, que es lo transcendente en cuanto tal, si no tiene preminencia sí está ahí de un modo preclaro. En la Trinidad la Unidad no se cierra, pues, en una sustancia, y, sea lo que sea el universo, está marcado por el signo y la dinámica de lo siempre-transcendente (Padre) y lo transformador (Espíritu). De ahí que el materialismo no renuncie a lo infinito, como continúa disertando Vidal Peña, pues eso sería más bien cosa del

---

[52] Una de las primeras opciones que habría que descartar es, desde luego, la de que se trata de una relación entre todo y partes: «La materia ontológico-general no es, respecto de la materia de los géneros especiales, como un género del que éstas fueran especies, o un todo del que fuesen partes» (*op. cit.*, pág. 69).

cosmos: «Parménides: su ser *único* es coherentemente *finito*» (*op. cit.*, pág. 59).

En el Capítulo 3 Peña desarrolla la interesantísima idea de que la Sustancia de Espinosa se corresponde con la materia ontológico-general. Ello explicaría, como ya había sugerido en su introducción y notas al pie de la *Ética*, por qué al comienzo Espinosa tiene que partir de la hipótesis de varias sustancias pese a que luego establezca que sólo hay o puede haber una, en cierto modo contradiciéndose. Pero Peña advierte que no sería una tal contradicción si se entiende la dialéctica entre la materia ontológico-general y las especiales, que es, a saber, entre el Dios Uno y Trino. Más aún, Peña hace equivaler ontología-especial a *natura naturata* y general a *natura naturans* (pág. 80). Es decir, aquí se estaría dando un reconocimiento de que los dos lados operan en todas las dimensiones: en el lado de dentro siempre se mira hacia lo transcendente (ontología-general, naturaleza naturante); en el de fuera a lo inmanente de cada dimensión (ontologías-especiales, naturaleza naturada). Por cierto que en este contexto resulta curioso que, según Peña, «Espinosa llama 'Hijos de Dios' a los modos universales de la *natura naturata*, en el *Breve Tratado*». Este sería el modo en que Espinosa regresa metafóricamente del *logos* a una nomenclatura mítica, sólo que, en su caso, estos 'hijos' no se convierten en personas que persisten después en creerse que son personas reales o incluso hiperreales en tanto que divinas.

Asimismo Peña presenta el problema de la relación entre los tres géneros de materialidad, que, de un modo muy similar a lo que yo designaba en *La Gran Alternancia*, y después también en *Filosofía y Revelación*, como 'complementario pero incompatible' –aplicado a los lados–, Peña denomina 'correspondiente pero inconmensurable' aplicado a los géneros de materialidad (*op. cit.*, pág. 67). Sería algo así, de nuevo, como el 'misterio' de la Trinidad antes de que se entremezcle ese otro misterio –esta vez más genuinamente misterio, pero gratuitamente introducido en el seno de la Trinidad– de Cristo, la unión que mantiene la separación entre lo humano y lo divino (el lado de dentro hacia lo trascendente y el lado de fuera hacia lo inmanente). A nuestro modo de ver, el problema de la relación entre los géneros de materialidad o de las dimensiones (o el famoso misterio de la Trinidad) no es tal, pues se trata pura y simplemente de una cuestión de ángulo o perspectiva desde el que se mira una misma realidad, que implica poner momentáneamente entre paréntesis las otras. En este sentido, la expresión 'correspondiente pero inconmensurable' puede ser acertada, si bien la inconmensurablidad es más propia de los lados que de las dimensiones, pues, en efecto, en un discurso podrían considerarse varias dimensiones a la vez, lo que no sucede nunca con los lados: aquí es o lo uno o lo otro. La incompatibilidad y a la vez la absoluta complementariedad de lados entre sí, que es el problema de Cristo, es el verdadero misterio.

También la cuestión de si el número de géneros de materialidad ha de ser necesariamente tres es tratada expresamente por Peña (pág. 63), aunque su respuesta no sea del todo satisfactoria:

La afirmación de la existencia de precisamente *tres* géneros no se enuncia en virtud de alguna misteriosa obediencia al prestigio mágico del número tres, pero tampoco en virtud de argumentos meramente empíricos. La propia Idea de Materia ontológico-general prepara críticamente para rechazar la afirmación dogmática de que 'no puede haber más de tres géneros de materialidad'; pero, al propio tiempo, se reconoce que la aparición de otros géneros (que, *a priori*, desde luego, no puede ser excluida) haría que *nuestra conciencia se configurase de otro modo* (lo cual tampoco puede ser excluido, desde liego, *a priori*, pero a lo que, *actualmente*, no puede prestársele atención). La afirmación de la existencia de tres géneros de materialidad es, pues, más que empírica a secas, '*empírico-transcendental*'.

Es decir, como un tres mágico no podría tener cabida en algo tan sumamente racional como el materialismo filosófico, y como no puede encontrarse argumento puramente empírico pues al fin y al cabo se trata de una categorización muy general en el orden de las Ideas, hacemos una componenda y nos quedamos con un poco de las dos: lo 'empírico-transcendental'. No se trataría, empero, de que de pronto aparezca, anodinamente, otro género que venga a 'reconfigurar nuestra conciencia', sino sencillamente de que pueden reestructurarse las categorías genéricas a escala filosófica de tal modo que la realidad se organice más cabal, diferenciada y completamente. Así, por ejemplo, la tríada Verdad-Bondad-Belleza y la Trinidad cristiana, pese a los defectos traídos de Nicea, han sido devaluadas en tiempos más recientes a géneros bimembres como Naturaleza-Cultura o Naturaleza-Espíritu[53], siguiendo acaso el rastro cartesiano que inclinó a Espinosa. Pero igualmente podría recomponerse como en los cuatro cuadrantes wilberianos (subjetividad, intersubjetividad, objetividad, interobjetividad), rehusando secundar aquella atracción ancestral por las tríadas que, nos tememos, sí tiene una pizca de mágica. La realidad tal vez podría incluso reorganizarse de otros modos aún, acaso con un modelo pentagonal o heptagonal, si se quiere, que podría dar más fruto todavía; si bien, por el momento, los cuatro cuadrantes wilberianos con su cruce entre lo singular y lo colectivo por un lado y de lo interior y lo exterior por el otro parece el camino más prometedor. Así, la idea de Peña de que '*actualmente* no puede prestarse atención a nada fuera del tres' se nos antoja algo inoportuna y desilusionante.

Si nos fijamos ahora en los contenidos de los géneros de materialidad y por tanto en la forma en que la materia ha sido distribuida en el materialismo filosófico a partir de los *Ensayos Materialistas* de Bueno, cabría detenerse en varios asuntos que conciernen especialmente a M_2 y M_3.

M_2 es el género que habría que atender para componer el catálogo a que me refería al comienzo de este capítulo, pues es el género de la interioridad. Sin descartar que se me escape algo al respecto, el tratamiento de todo lo interior en el Materialismo Filosófico peca de una constante ambigüedad o ambivalencia, ora constatando –hasta cierto punto solamente– su validez, ora desechándola. Se diría que la supresión de M_2 por parte del MF se produce por la confusión típicamente metafísica entre este género y la ontología-general (M), que deviene en lo que el MF suele llamar 'psicologismo', 'idealismo' o etiquetas similarmente despectivas. Ahora, en cambio, se trataría de lo inverso: a tenor de una Materia ontológico-general bajo los auspi-

---

[53] De todos modos, esta dupla típicamente hegeliana podría estar haciendo referencia más a la alternancia entre los lados que a las dimensiones, como puede colegirse en Žižek, *El sexo y el fracaso del absoluto*.

cios de M_1 y M_3, en el MF M_2 parece no promover materiales capaces de informar a M, que es como decir que aquí ni el *regressus* ni el propio *progressus* de la una a la otra están en funcionamiento. En otras palabras, como reacción a la situación metafísica anterior en que predominaba M_2, en el Materialismo Filosófico la materia ontológico-general queda coloreada principalmente por las otras dos materias ontológico-especiales (M_1 y M_3), mientras que M_2 pierde su sentido propio siendo en cambio insuflada por las otras dos, que sí mantienen el flujo del *progressus* y del *regressus* con respecto a M. De momento me limitaré a la terminología del materialismo filosófico, pero, como comprobaremos más adelante, es preciso desbordarla para poder abarcar realmente todo lo que hay en juego, incluso para comprehender las implicaciones del sistema de Espinosa.

A tenor de las descripciones ofrecidas tanto por Bueno como por Peña –que no me precio de haber digerido en su totalidad– M_2 es principalmente un género subjetivo, no exento, en ocasiones, de pizcas de intersubjetividad. No obstante, el universo intersubjetivo tiende más bien a entroncar con M_3, sólo que en este género de materialidad –tradicionalmente el encargado de 'Dios'– sobrepone la lógica de las relaciones formales a cualquier construcción cognitivo-moral de las normas morales. En realidad, lo más característicamente intersubjetivo –que incluye el derecho, lo político, el desarrollo moral, y si se quiere la sociología, entre otras disciplinas– no encuentra lugar en esta clasificación de las materias ontológico-especiales.

Además, como dijimos, lo más característicamente subjetivo tiende a menospreciarse o a leerse bajo el prisma de otros géneros, ya sea M_1 o M_3; todo con tal de no descansar en el conocimiento propiamente subjetivo. Es como si de M_2 no pudiesen sacarse frutos para M, o como si sus contenidos genuinos se viesen reducidos mediante una invasión ilegítima –que quiere pasar por crítica demoledora– desde M_1 o M_3. Peña desde luego reconoce que hay interioridad, así como o Gustavo Bueno (o Jesús Maestro, que ha tomado para sí la tarea de una teoría de la literatura, dominio eminentemente subjetivo, desde el Materialismo Filosófico), pero pese a la abundancia de escritos de la escuela no se detecta un estudio del desarrollo de la misma, ni sus tipos, ni en qué pueden consistir sus estadios más elevados—con la llamativa excepción de la última obra de Bueno, *El Ego*

Transcendental, que parece enmendar la plana a tantos otros escritos suyos anteriores y no digamos ya de su propia escuela.

Ni que decir tiene que algo así como una dilucidación de los dos lados (dentro y fuera) en cada una de las dimensiones (o géneros de materialidad, de acuerdo con su jerga, que comprehendería lo subjetivo, lo intersubjetivo, lo objetivo y lo interobjetivo) tampoco aparece del todo, si bien la introducción de la idea diferenciada de *emic/etic* apuntaría en esa dirección, así como las direcciones del *regressus* y el *progressus* desde las materias ontológico-especiales a la ontológico-general.

De acuerdo con Peña, «M$_2$ es interioridad transcendental, no subjetivo-psicológica» (pág. 62), pero algo así sólo puede afirmarse desde fuera, una vez reflexionados los contenidos. Desde dentro se trata de una experiencia subjetivo-psicológica, que es donde se producen cierto tipo de batallas en pos de la libertad interior, las cuales son inconmensurables tanto con respecto a las batallas del lado de fuera, que es donde se lidia con el mejor modo –formal, 'transcendental', siguiendo aquí a Peña– de articularlas, como con respecto a las pugnas propias de los otros géneros, que también tienen su cara de dentro, hacia lo transcendente, y de fuera, hacia lo inmanente.

Escribe Peña en otro lugar que «la idea de Dios [en Espinosa] ofrece, al considerarla, la idea de *hiato* que la separa de las demás; de la discontinuidad –que impide el orden cosmista– existente entre la Ontología general (ámbito de la idea de Dios) y la Ontología especial» (pág. 97). Ésta sería una manera sumamente penetrante de constatar los dos lados de la Alternancia en Espinosa a partir del materialismo filosófico, allí donde Dios, lo transcendente, es lo que rompe el orden cosmista o unitario. Lo infinito o siempre transcendente no se deja encerrar, pero que existe un orden o un modo racional de organizar lo que se nos presenta (ontología-especial) tampoco puede dudarse, cuya coherencia siempre apunta –sin alcanzarla nunca– a la unidad última.

Por lo demás, «cuando Espinosa usa en la *Ética* las nociones de todo y parte, lo hace no atendiendo a la Sustancia absolutamente infinita, sino, en todo caso, en cuanto región o género de la realidad (especial, por tanto)» (pág. 86). Es natural: el todo-parte –el 'holón' koestleriano-wilberiano, que es una idea significativamente más avanzada– sólo puede darse en el lado de fuera, en el de los mapas. Los lados están incrustados en todas las dimensiones (o géneros de materialidad de la ontología especial) tal que el lado de dentro apunta a la infinitud, es decir, a lo transcendente (ya que no hay manera de conocer eso infinito, pero sí de constatarlo intuitivamente: por aquí podemos sospechar con bastante fundamento que iban los tiros de Espinosa con su tercer tipo de conocimiento), y el de fuera al mapa intelectual clasificatorio de la realidad.

Esto plantearía la cuestión de cómo la Conciencia (E) del materialismo filosófico (llamada por Bueno 'Ego Transcendental') difiere según la dimensión en que se localiza, no siendo un atributo específicamente humano, pues hay que presuponerla a lo largo de todo el desarrollo de la vida y en todas las dimensiones de la realidad. La Conciencia (E) sería necesaria como el punto de intermediación entre el *regressus* desde la materia específica (M_1, M_2, M_3) hasta la materia general (M), y el *progressus* en sentido contrario: un punto indispensable en esa circularidad dialéctica. Pero, de nuevo, que E esté presente en todas las dimensiones y que constituya un elemento no exclusivamente subjetivo sino transcendental, no significa que haya que echar toda la subjetividad por la borda. Son cuestiones enteramente distintas.

Como sucede tradicionalmente con la Eucaristía o con la vida religiosa de acuerdo con el esquema de Kierkegaard, la vida contemplativa o divina presupone una limpieza a escala ética (o racional) que, de faltar, desemboca en una contaminación que impide alcanzar la meta deseada. Tal renuncia, uso de la razón, o la vida ética a esta escala, nunca cesa, puesto que las pasiones o los afectos tampoco lo hacen. Uno de los puntos-bisagra a partir de los que se decide la cuestión del 'ateísmo vs. fe' radicaría pues no tanto en una cuestión filosófica, como si la razón pudiese dirimirla, sino en si tras esta purga ética se abre subjetivamente un horizonte transpersonal, de vida divina, o si más bien en aquélla termina todo y uno ha de regresar a una reflexión o examen de tipo intelectual o filosófico. Pese al tercer tipo de conocimiento espinosiano, que sin apenas dudas apunta en la primera dirección, se diría que el materialismo, especialmente allí donde ha ejecutado las correspondientes operaciones de despersonalización y desubjetivización, se inclina por lo segundo. Pero –

esto es clave– lo primero no es menos materialista o racional, por más que las presentaciones de esa vida subjetiva en lo transpersonal se hayan producido con la mayor frecuencia en términos mágicos, míticos o metafísicos (el punto de partida a que nos referíamos al comienzo del capítulo). El retorno a la reflexión a partir de ese momento de limpieza interior ética y racional, que es la propia del segundo tipo de conocimiento espinosiano, deja ya de mirar hacia arriba, hacia lo transcendente, y se gira en cambio hacia abajo, hacia lo ya acaecido: ésa es la tarea filosófica por antonomasia en tanto que aspira a componer mapamundis de la realidad tal como se manifiesta no ya sólo en la subjetividad, aun en sus estadios más elevados, sino en el resto de la dimensiones.

La desestimación bueniana que observamos de M_2 provendría plausiblemente de aquí, de ese movimiento que a medio camino decide regresar en lugar de continuar abriéndose a alturas más elevadas que, por más que escapen al dominio (estadial) de la razón, no dejan de ser parte integrante de la realidad material, cosa que además podría establecerse paralelamente en otras dimensiones, como la objetiva, mediante estudios bioquímicos y de actividad cerebral más exhaustivos. La vivencia de lo infinito, o el tercer modo de conocimiento de Espinosa, no puede exponerse con los métodos de otros géneros de materialidad o con tipos de conocimiento subjetivos que no corresponden a su estadio, aunque sí, acaso, ilustrarse, si uno tiene la obligada curiosidad por investigarlos y no los ha cerrado de su campo *a priori*, como tiende a suceder con aquello que rebasa nuestras capacidades o nociones del momento.

La vida mística no es una pura cuestión de gracia (algo gratuito). Lo será acaso inicialmente, en ese momento que despierta nuestra expectación hacia un territorio vasto e inexplorado, pero en conjunto se remonta a prácticas experimentales tan metódicas como las jurisprudenciales en su terreno o las de un laboratorio de química en el suyo. Esto es lo que han procurado las tradiciones contemplativas, principalmente de las religiones terciarias, pero también otros métodos de introspección y apertura psicológica más o menos rudimentarios de otras épocas históricas, incluyendo por supuesto la ebriedad.

En suma, las dos maneras de pensamiento a que se refiere Peña cuando escribe: «Porque, en definitiva, cuando Espinosa habla de 'pensar' en su obra dice dos cosas distintas: o que *el hombre –o los hombres– piensan* o que hay un pensamiento que tiene lugar '*en Dios*'. Nuestra tesis en este punto es que Espinosa se está refiriendo a dos géneros distintos: el pensamiento humano como realidad M_2 y el pensamiento divino como realidad M_3» (pág. 146), que están implícitamente diferenciadas por Espinosa, podrían no corresponderse con M_2 (noética) y M_3 (noemática), sino más bien –y como consecuencia de reformar el tercer género de materialidad de tal modo que involucre a la intersubjetividad en lugar de ese formalismo del pensamiento ('Dios' en la tripartición de Wolff) que el materialismo filosófico hoy le atribuye como contenido– con los distintos estadios de M_2 (subjetividad) vistos desde el lado de fuera, allí donde la cognición propiamente humana es un factor diferencial clave pero en evidente conexión con 'la Naturaleza', es decir, con los estadios previos. También podría incluso apuntar potencialmente –aunque a Espinosa no se le habría ocurrido– al lado de dentro de las dimensiones exteriores (objetividad e interobjetividad). La expresión *intellectus absolute infinitus* aplicada a Dios o la Sustancia es susceptible de avalar ambas hipótesis, cuyo desgranamiento sólo podría ser ulterior, tras la diferenciación entre dimensiones, estadios y lados.

Así, el paralelismo espinosiano entre extensión y pensamiento podría ser ciertamente entre dimensiones (exteriores e interiores), pero asimismo entre los lados en cada una de las dimensiones, mas de tal modo que el pensamiento sería el lado de dentro en las exteriores y el de fuera en las interiores, mientras que la extensión se correspondería con el lado de fuera en las dimensiones exteriores. El reconocimiento de que existe un lado de dentro en las dimensiones interiores aclararía además el problema ancestral acerca de la filosofía de Espinosa a que se refiere Peña en la pág. 155, a saber, que sin duda para Espinosa existe una 'consciencia interior' que no obstante sigue manteniendo el paralelismo con la Extensión y que no puede confundirse con el Pensamiento en cuanto tal. «Sin duda –escribe Peña en pág. 156– hay aquí un problema evidente de inadecuación del vocabulario técnico spinoziano a la nueva problemática que apunta dentro de él; problemática que requeriría una modificación de dicho vocabulario». En efecto, pero se diría que el esquema filosófico empleado, a saber, el materialismo filosófico de Bueno, aun siendo un avance muy considerable, tampoco da del todo la talla.

Vidal Peña seguidamente viene a indicar que «la extensión de la dimensión M_2 a un nivel que no es subjetivo-individual» a que se ha venido refiriendo para delimitar lo que Espinosa no delimitó, a saber, el modo infinito universal mediato (que, de acuerdo con nuestras coordenadas, podría recabar en los lugares antes mencionados), pertenece cabalmente a la Ciudad, a saber, a la intersubjetividad. Aquí se evidencia que esta dimensión no ha tenido verdadera cabida en M_1, M_2 o M_3. No sería, por tanto, como escribe Peña más tarde (pág. 158), dominio del Espíritu Objetivo. Mas de que, con Espinosa en la mano, hay que abrirse a lo intersubjetivo, no cabe ninguna duda, aunque ni Peña ni el Materialismo Filosófico ha logrado atribuirle una dimensión propia. Peña la plantea como 'intermediaria' entre la subjetividad y la objetividad; es decir, de algún modo perteneciente a M_2 pero dotada de 'impersonalidad': «Esa organización estatal –la Ciudad–, único sitio donde el hombre puede ser libre (*Ética*) y que determina de algún modo los pensamientos individuales (*TThP*), es, a la vez, lugar de 'pensamientos' y 'esquema impersonal' en el seno de los modos de Pensamiento: cumpliría con ella Spinoza el reconocimiento de la subjetividad unido a su tendencia a la consideración 'objetivadora' de cualquier realidad, incluida la subjetividad misma» (pág. 163). O sea, la intersubjetividad; aunque Peña insista en llamarla hegelianamente 'Espíritu Objetivo'.

Si, por continuar en la senda que dibuja Peña en su último capítulo, el *ordo conexio* espinosiano «no es 'producido' por M_1 o M_2 o los dos: es una manera de considerar la realidad que, al no estar vinculada en exclusiva a esos géneros, es susceptible de consideración independiente» (pág. 175) resulta absurdo engendrar un nuevo género de materialidad (M_3) tal que sea este *ordo et conexio*, pues estaríamos ante la misma imposibilidad de una producción de orden. Tendría mucho más sentido, en cambio, postular que cada género o dimensión tiene dos lados, uno de producción, si se quiere (el de dentro), y otro de orden (el que ve desde fuera). Máxime cuando ese orden es del 'pensamiento en Dios' y ha de estar por tanto en todos los géneros de la ontología especial y no podría estar supeditado a uno solo. Éste ya era uno de los grandes defectos de los *Ensayos Materialistas* de Bueno: que el M_3 (Dios), como género a la par de lo físico-exterior y lo psicológico-interior, carece de sentido. Por ello, el resto de la sección 1 de este último capítulo Peña dedica a encajar lo inencajable. El orden no puede pertenecer a un tercer género de materialidad como M_1 y M_2, sino que ha de constituirse como el momento reflexivo de cada materia, incluidas las otras dimensiones no consideradas en este esquema (lo intersubjetivo y lo interobjetivo).

Peña llega a rozar la solución, pero, atrapado como está en los *Ensayos Materialistas* de Bueno, no logra colmarla: «Spinoza nos invitaría, pues, a la consideración de las realidades ontológico-especiales de acuerdo con un tipo de inteligibilidad que, desde luego, es el mismo» (pág. 179). Pero de aquí no se seguiría un nuevo género de materialidad cuyo contenido son las reglas formales, sino más bien un lado de fuera en cada uno de ellos. No se trataría pues de contraponer «una causalidad no linear transitiva» a una «estructural», como añade inmediatamente, sino de captar los dos lados de la alternancia, uno de ellos siendo la realidad en transformación (en sus distintos géneros de materialidad o dimensiones) y el otro su reflexión, que indudablemente aporta un orden. Claramente, Peña no piensa que este orden esté dado de antemano, siendo por tanto el orden geométrico que funda la estructura de la *Ética*, pero sí piensa que pertenece a un género de materialidad diferente (el M_3) de la ontología especial: «El orden geométrico no produce el orden, sino que lo menciona, o 'lo reconoce' como una realidad». Esto es precisamente lo que hace el lado de fuera en cada una de las dimensiones.

Capítulo 7
El materialismo más allá de Espinosa

Nos recuerda Bueno que un mapamundi –o sea, un mapa filosófico– «puede considerarse como un mito luminoso en tanto esclarece la condición efectiva de ese mapa y detiene por anástasis el proceso del paso al límite» (*El Ego Transcendental*, Introducción, 2, pág. 27). Ésta es una descripción maravillosa del sentido en que la mirada filosófica, desde el lado de fuera, puede suponer –de hecho supone siempre– una suerte de transcendencia, de salto a una nueva comprensión. Dados los precedentes de otras exposiciones suyas, llama la atención, no obstante, la expresión: «por *anástasis*»; es decir, por resurrección. Cabe preguntarse –reconozco que con cierta malicia pero con toda seriedad– si, independientemente del término elegido, el propio Bueno o su escuela hubieran digerido algo semejante de haberlo encontrado en los textos de los Nietzsche, Derrida o Deleuze. Descubrimos sin embargo que este texto de *El Ego Transcendental* está plagado de sorpresas semejantes, pese a plantearse como en perfecta continuidad con los *Ensayos Materialistas* de tantas décadas antes. Según declaración inicial, *El Ego Transcendental* se suscita a tenor de una confrontación con un viejo discípulo que argüía que, en el Materialismo Filosófico, no hay ya necesidad de un Ego Transcendental, cosa que Bueno se dispone a rebatir. Lo que resulta novedoso –al menos en lo que a nosotros respecta–, y también sumamente interesante, es cómo justifica E, pues, a la postre, no puede evitar reconocer que la fuente de tal justificación reside en los estadios más elevados de la subjetividad (Bueno no lo describe en estos términos, pero sí en otros equivalentes aunque con ciertos circunloquios). Es decir, aquí sí parece, por fin, que M_2 no se reduce a las coordenadas de M_1 y M_3, y que por consiguiente es capaz de informar según sus propias cualidades a la estructura del sistema filosófico.

Anástasis, pues: levantamiento, despertamiento. Tras la máscara de un término docto –no vaya ser que decirlo claro suponga un vuelco excesivo (e irreversible)–, asoma aquí lo transcendente, cosa que resulta inevitable a la hora de establecer un mapa filosófico (así como también en dominios científicos). No es lo transcendente como lo hemos venido entendiendo hasta ahora, es decir, como la mirada desde el lado de dentro, sino como un giro hacia la reflexión (lado de fuera) tal que nos habilita para ver el mundo de un modo más amplio, más exacto o más correcto, es decir, mejor.

El Ego Transcendental representa un repliegue al reino de las representaciones (pág. 27) que, una vez constituido, no estaría restringido a una mirada hacia los contenidos de M_2 sino que abarcaría también los otros géneros de materialidad[54]. Sería semejante a lo que, acaso más justamente y mediante un análisis más riguroso, Alain Badiou llama el Índice Transcendental en *Lógicas de Mundos*. «El Ego Transcendental no es la conciencia del Mundo, sino, a lo sumo, es la conciencia demiúrgica del 'mapa del mundo' implicada en un sistema materialista» (pág. 28); es decir, es la cara de fuera (en cada una de las dimensiones). El Ego Transcendental de Bueno diferiría del Índice Transcendental de Badiou en que éste tiene una proyección más marcada hacia la dimensión objetiva; por otra parte, Bueno manifiesta con más claridad que Badiou que el Ego Transcendental implica necesariamente un sujeto histórico que traza tal mapa. Para Badiou el sujeto no es preciso para sentar la objetividad del mundo, que proseguiría su marcha con o sin él. Idea que no es fácil de compartir, puesto que si existe un objeto se da también forzosamente no sólo ya un sujeto, sino un 'intersujeto' (o sujetos en interacción) y un 'interobjeto' (u objetos en interacción). Las cuatro dimensiones son co-originales[55].

---

[54] Cfr. pág. 159: «M_2 antecede al Ego, pero sin que el Ego pueda resultar exclusivamente de una evolución de la materia segundogenérica dentro de M_1».

[55] Gustavo Bueno discutirá también este tema central del origen de las dimensiones o géneros de materialidad en el capítulo 4.6.4 (pág. 246) de *El*

Por todo ello, prosigue Bueno, «la idea de Materia ontológico-general M sólo puede dibujarse desde la idea de un Ego Transcendental que 'envuelva' al Universo (M_i)» (capítulo 1.1.3, pág. 38); es decir, el Ego Transcendental reflexiona (cara de fuera) una realidad infinita (M, si se quiere), y crea un mapa de ésta (M_i). «El 'campo' del materialismo filosófico no es propiamente la materia ontológico-general, sino el Universo, a la manera como el campo de la teología dogmática no es propiamente Dios, sino la Revelación ofrecida por Dios a los hombres» (capítulo 1.2.5, pág. 52). Exactamente. El campo de la filosofía pertenece a la cara de fuera, que no obstante presupone una cara de dentro ignota, incognoscible (Dios, Materia). En la página 54 concurre el colofón de esta reflexión medular: E, M_i y M son las tres ideas ontológicas fundamentales de la ontología occidental (E-Alma; M_i-Universo; M-Dios).

Esta observación nos devolvería a la entraña de la Trinidad, en virtud de la cual ninguna de las tres hipóstasis tiene precedencia sobre las otras y han de entenderse conjuntamente: «Diríamos, en conclusión, que el *Ego cogito* no es un *primum cognitum*, como tampoco lo es Dios o el Mundo. La razón, desde el materialismo filosófico, es ésta: que no es posible siquiera hablar de un *primum cognitum*, por-

---

Ego Transcendental, proponiendo que, en la historia de la evolución cósmica, M_2 procede de M_1 (M_1 emergiendo hace quince mil millones de años y M_2 hace setecientos). Pero la atribución de M_2 solamente a los animales («por ejemplo, con los celentéreos precámbricos») es gratuita, puesto que entonces habría que determinar cómo surge esa subjetividad (o interioridad de un sujeto corpóreo concreto) antes inexistente en un momento determinado. Ya que, en la línea de la originación dependiente, hay que suponer una cadena causal continua que viaja hasta un punto original acerca del cual no podemos decir nada, detener el origen de toda una dimensión de la existencia, la subjetividad, en un punto fijo de la línea temporal obliga a explicar por qué antes no había interioridad en absoluto y cómo y por qué aparece de pronto ahí. Asimismo, en esta página pero algo más arriba, Bueno indicaba que el espacio corresponde «necesariamente» a M_1 y el tiempo a M_2, cosa que tampoco resulta evidente. De hecho, las preguntas ahí planteadas («¿qué había antes del big-bang, origen de nuestro Universo?, y ¿qué hay fuera de nuestro Universo finito, aunque ilimitado») con su respuesta («es evidente: Nada, nada categorizable») son egoiformes y no tienen en cuenta lo transpersonal o la *ciencia intuitiva* de Espinosa.

que en el círculo constituido por la tríada E, M, M_i no cabe señalar, como en ningún círculo, ningún punto primero absoluto, porque todos son primeros respecto de los demás» (capítulo 1.2.9, pág. 66). Cabría apostillar que aquí E, M y M_i están entendidas como dimensiones o géneros de materialidad más que como los lados de la alternancia; o sea, M no sería el lado de dentro (ignoto), M_i la cara de fuera o mundo reflexionado y E el sujeto que realiza o en que se realiza –podría decirse, siempre parcialmente, de las dos maneras– la operación, es decir, como la conciencia. Esta idea se reitera más adelante: «El Ego se define en función de M_i (del Universo) y, por tanto (puesto que M_i como universo totalizado finito presupone necesariamente a E como sujeto operatorio de la operación totalización), en función de M (la materia ontológico-general)» (capítulo 2.2.3, pág. 77). El Ego Transcendental es por tanto el sujeto operatorio en cada dimensión, que posee cualidades enteramente distintas en cada una pero que resulta imprescindible como índice reflexivo en sus correspondientes lados de fuera (en términos buenianos, los 'universos totalizados finitos' de cada dimensión en M_i).

Algo más atrás (capítulo 2.1.2, pág. 68), Bueno había indicado que el término Ego es analogado como contenido siempre institucional – es decir, que haría referencia, en nuestro lenguaje, a las dimensiones intersubjetiva e interobjetiva–, punto decisivo sobre el que retornamos, pero también que es «una entidad dada entre los Reinos de la Cultura [dimensiones subjetiva e intersubjetiva, las interiores], y no como contenido del Reino de la Naturaleza [dimensiones objetiva e interobjetiva, exteriores], es decir, como entidad zoológica»; es decir, que las dimensiones interiores son consustanciales al Ego, y que sin ellas no podría hablarse de él en ningún caso. Justo después Bueno nos regala una disquisición que apunta a la idea de que, precisamente porque no son contenidos zoológicos sino pertenecientes a instituciones humanas, importan también los estadios. No a todos los humanos o instituciones pueden atribuírseles el Ego –ese tipo de reflexión o representación–, aunque sí 'ego' (entidad, diríamos) de modo extrínseco. En continuidad con esta expresión multi-dimensional, en el capítulo 2.3.3 (pág. 78) encontramos una refutación tan brillante como exhaustiva de «la forma tradicional reducida sujeto-objeto». Teniendo en cuenta que en escritos anteriores Bueno había recortado la validez de ciertas dimensiones o de contenidos suyos, podría decirse que aquí alcanza no ya sólo la máxima claridad expositiva, sino, enmendándose a sí mismo, su forma más comprehensiva e integral, sin (apenas) caer en reduccionismos, que ahora cabría reconocer retrospectivamente en su propio sistema.

Como puede observarse en un pasaje más adelante, ahora M_3 no consistiría tanto en reglas formales con paradigma en las matemáticas como «modelos o estructuras normativas seleccionadas y compartidas, que implican por tanto una precisa *logica utens*» (capítulo 3.2.6, pág. 123). Aquí, pues, afloraría la intersubjetividad de un modo más manifiesto, y en concreto como *causa* de la racionalidad, que es lo que siempre defendió Habermas. No obstante, es justo decir que el contenido de M_3 no aparece aún tan transparente como sería deseable, siendo así que, en un pasaje ulterior (capítulo 4.5) que supuestamente quiere tratar este género de materialidad más en extenso, persiste en dejarnos en la oscuridad, como si la intersubjetividad no pudiese ser afirmada y concretada como dimensión independiente, paralela a la objetividad (M_1) y la subjetividad (M_2).

En todo caso, la conclusión de este apartado es deliciosa: «Y corroboramos así nuestra tesis según la cual el Ego Transcendental no es una construcción precedente del desarrollo puramente escolástico de un Yo psicológico interno. Sin duda, existe una conexión indiscutible entre el Yo transcendental y el Yo psicológico, pero debida a que el Yo psicológico ya estuvo a su vez constituido por el Yo transcendental, expresado acaso en forma mitopoética» (*ídem*, pág. 125). Es decir, lo transcendente está presente en todas las dimensiones (subjetiva, intersubjetiva, objetiva, interobjetiva), y siempre hay un camino de ida y de retorno que viaja desde lo infinito hasta lo concreto y vuelta a empezar. En la subjetividad, el Yo Transcendental no sería lo infinito o transcendente mismo sino el signo de que ha sido pensado por alguien, y así correspondientemente en el resto de las dimensiones, aunque no se les haya dado un nombre específico a ellas (Nosotros Transcendental, Ello o Cosa Transcendental, etc.)[56].

---

[56] Dada su naturaleza coral y la tendencia ancestral a pensar en términos de sujeto-objeto, nombrar un punto omega análogo en la dimensión intersubjetiva con verdadero alcance filosófico ha sido eludido durante eras, aunque

Más aún, Bueno atribuye acertadamente el Yo transcendental a la interacción entre todas ellas, especialmente entre sujetos institucionalizados, es decir, revestidos de las adquisiciones interobjetivas y objetivas correspondientes (gramática, biología, economía), amén de las propiamente intersubjetivas (políticas, jurídicas), lo cual, como decíamos, implícitamente también supone un crecimiento a lo largo de estadios en todas ellas.

Bueno encuentra lo que llama Ego Transcendental por doquier ya que es un término inevitable toda vez que constituye el lado de fuera en todas las dimensiones, y uno tal que no se halla sólo por la vía inmanente, sino también en el sentido inverso (a la manera, quizá, de los neoplatónicos, o también, por ejemplo, de Aurobindo). Una vez abierta la vía a una re-traducción del discurso mitopoético al bucle filosófico transcendente-inmanente llama la atención que Bueno se guardase de haberlo establecido en su producción anterior, y más aún de haber introducido el universo de autores y disciplinas de la interioridad que plagan estas páginas y que ahora se dan por buenos cuando antes se veían con enorme sospecha. Podemos por ello conjeturar que aunque la idea de Ego Transcendental aparecía en los *Ensayos Materialistas*, su idea no se desarrolló mínimamente hasta esta otra obra tardía porque implicaba destapar las esencias de los dominios interiores, antes ignorados o denostados en favor de un conocimiento categorial (gnoseológico, no epistemológico) asociado a las

---

quizá la metafísica cristiana se ha acercado más que ninguna otra. Acostumbrados como estamos a la solidez e inmediatez de lo subjetivo-objetivo (el cuerpo-mente), por un lado habría que evitar la disolución que acecha a lo grupal o colectivo, pero también, por otro, la tentación de una corporación donde se inserten con facilidad connotaciones pertenecientes a la subjetividad o la objetividad, como en la noción de 'cuerpo político'. En todo caso, el Índice Transcendental equivalente al Yo en la dimensión intersubjetiva vendría a ser algo así como la Comunión Eucarística. Todas las dimensiones están marcadas por este Índice o punto cenital pese a que seguramente sea más fácil detectarlo en la subjetividad. En la objetividad, el Índice Transcendental correspondería más bien a la Verdad corroborada metodológicamente (o aún no falseada), donde se necesita no ya un Ego psicológico como en la subjetividad sino de una hipótesis de trabajo concreta en un campo científico acotado.

ciencias 'duras' (que por supuesto permanecen como esenciales y constitutivas de cualquier aproximación integral).

En la misma línea, en el capítulo 3.3.4 (págs. 138 ss.), encontramos una reivindicación –increíble e insólita, cabría añadir, por lo que acabo de mencionar– de una 'hermenéutica dialéctica', por oposición a una 'hermenéutica analogista', que sea capaz de detectar los distintos estadios de la evolución de la conciencia (estos no son los términos que utiliza Bueno). La constatación de los estadios tampoco se había manifestado demasiado antes. Una noción estadial había ciertamente aparecido por ejemplo en *El Animal Divino* cuando trata los estadios religiosos, pero ni éstos eran propiamente subjetivos –como, pongamos, en los estadios del camino de la vida de Kierkegaard: estético, ético y religioso–; ni se palpaban zonas transpersonales, como aquí, para mejor revelar el Ego Transcendental; ni, que yo sepa, Bueno había hablado de la necesidad de una hermenéutica o de un proceso dialéctico propio de las dimensiones interiores que va generando tal evolución estadial.

Se diría así que, una vez topado con la necesidad de desarrollar la idea del Ego Transcendental, o sea, ese índice transcendental (lado de fuera) correspondiente a todas las dimensiones y en todas las alturas, tanto los contenidos a considerar como las pertinencias metodológicas caen como fruta madura. Pese a su afán comprensivo, la obra anterior de Bueno daba muestras de estar ubicada más en el estadio racional-moderno apegado a cierto objetivismo que en el propiamente integral, siendo así más bien fóbico de lo postmoderno[57] que integrador (y superador, claro está). Mas una vez que nos encabezamos hacia el *integrum* (J. Gebser) es cuestión de tiempo que lo que antes era desechado ahora forme parte del sistema. De hecho, la clave del *modus operandi* de la sistematización integral es propiciada por el propio Bueno de un modo tan sencillo como prístino: «Desde

---

[57] Como ejemplo de este tipo de fobia postmoderna que sucumbe a una racionalidad estrecha más que integral, cabría citar la monumental *Crítica de la Razón Literaria* de Jesús Maestro, la cual, con ser tan de provecho, nos machaca durante cientos de páginas con su desprecio visceral por los autores llamados postmodernos, a veces con razón pero otras muchas sin ella.

nuestro mapamundi podemos representar el mapamundi de los melanesios o amazónicos, sin que desde éstos puedan representarse los nuestros»[58]. Y así con mapamundis sucesivos, cuya amplitud y corrección va evolucionando, siendo locura paralizar uno como definitivo en un momento histórico determinado.

La propia idea de evolución, que jugaba un papel menor en otras exposiciones, y que incluso era vilipendiada, empieza aquí a cobrar la envergadura filosófica que merece. En el capítulo 1.2.5 (pág. 53), por ejemplo, después de constatar que ni en Platón ni en Aristóteles (las 'cinco ideas' del primero y las 'diez categorías' del segundo) aparecen las nociones de Hombre o Ego –no digamos ya de Historia–, Bueno indica que éstas empiezan a encontrarse en la escolástica (por influencia cristiana, obviamente), es decir, «de la ideología de la vida práctica de las sociedades que *evolucionaron* hacia la llamada época medieval» (la cursiva es mía). Y bastante más adelante (capítulo 3.3.7, pág. 160) hallamos una referencia explícita a la psicología evolutiva acerca de la cual se expresa con aprobación (cosa con la que, de nuevo, jamás me había topado en su obra). Bueno habla incluso de «proceso histórico evolutivo», que por lo demás encaja perfectamente con el mejor hegelianismo y así con el marxismo.

Encontramos en definitiva un intento patente de reincorporar los contenidos de M_2 y de explicar hasta qué punto entran en el juego del sistema filosófico al completo. Por ejemplo, en la sección 2.5 del primer capítulo asistimos a un repaso impresionante a cómo se produce el recelo de la idea de Ego Transcendental cuando se parte de ciertos géneros de materialidad: M_1 y M_3 principalmente. Aquí Bueno describe magistralmente cómo el Ego puede ser aniquilado tanto desde el ontologismo –nosotros diríamos transcendentalismo– como desde el naturalismo –inmanentismo–. Es más, Bueno menciona cómo el conductismo ('psicología sin alma') es una forma de tabú

---

[58] Conste que en un ejemplo que dio Bueno en otra ocasión de esta misma idea, el de la medicina china vs. la medicina occidental, como si ésta envolviese aquella y no al revés, tal principio no funciona del todo bien, pues la medicina occidental moderna no sabe ni quiere saber nada de la energía sutil con la que trabaja la medicina china. Seguramente herencia de la idea de que la filosofía es exclusivamente occidental, que también me parece un gran error.

del Ego, algo que de nuevo resulta chocante dado que él mismo suscribió continuamente tal tabú, presentando la 'verdadera psicología' como poco más que pura etología, que es lo que hacían lo conductistas como resultado de investigar en M_2 con los instrumentos de M_1.

En una sección previa (cap. 1.1.5, pág. 45), Bueno ya había recurrido a materiales teológicos y bíblicos para el establecimiento del Ego Transcendental de un modo que sospecho nunca había rozado anteriormente: «La condición teológica de Yahvé o de Jesús [en referencia a los apotegmas 'Yo soy el que Soy' o 'Yo soy la Verdad', respectivamente] no puede ser un pretexto para reducir el Yo que allí se manifiesta a la condición de mero residuo mitológico, cuando cabe rescatar para el materialismo esas grandes Ideas cuya importancia histórico-política no podría subestimarse nunca». Como tampoco cabría subestimar la importancia que tienen para la propia subjetividad (M_2).

Asimismo, cuando recurre a Wundt en el tercer capítulo dedicado al Ego categorial, Bueno se abre expresamente al campo de las dimensiones interiores así como a su conexión –vía William James– con el mundo espiritual, sin que, empero, emerja aún el tema del desarrollo de tal Yo. Lo cierto es que la breve referencia a las especulaciones de W. James acerca del misticismo acaba, un poco en la tónica habitual, tachándolas de 'espiritismo' y de 'metapsicología'. Tampoco cabía elevar demasiado la esperanza. Si, por un lado, las funciones del Yo Transcendental son atribuidas palmariamente a una aproximación «desde dentro (emic)», por ejemplo en Freud (capítulo 6.2.6, pág. 122), en la página siguiente Bueno confunde lo prepersonal con lo transpersonal del modo más grosero a tenor del 'sentimiento oceánico' que Freud citaba de Romain Rolland, y que Bergson –convertido al catolicismo al final de su vida– compartía. Así, ¿habríamos de entender que Dios era el mar original de cuando los vertebrados vivían exclusivamente en él? ¿No será posible, en cambio, que el sentimiento oceánico no sea tanto una regresión –¿a dónde?– sino la expresión poética de aquel contacto, bien espinosiano, con la realidad toda mediante el tercer tipo de conocimiento? Por momentos Bueno parece regresar a sus concepciones habituales, pero, con todo, ha avanzado considerablemente en la otra dirección.

En el capítulo 3.3.7 (pág. 161) llegamos a un punto decisivo acerca de la formación del Ego Transcendental, que, para comprender cabalmente, ha de sopesar tanto la expresión religiosa tradicional como la interacción con las otras dimensiones así como la génesis o el desarrollo histórico de todas ellas.

Veámoslo con cierto detenimiento. Criticando el evemerismo, escribe Bueno: «Es la formación del cauce institucional a través del cual algunos hombres mortales (que había que suponer dotados de un ego terrestre, 'psicológico político') alcanzan, en su apoteosis, la condición de dioses (es decir, la condición de sujetos divinos) mediante la cual su ego terrestre se ha transformado –por ellos mismos o por sus panegiristas– en un Ego transcendental». Es pues crítico corroborar, de cara al sentido en que se toman literalmente los contenidos míticos de las religiones acerca por ejemplo de los hombres divinos, que éstos son resultado de una confabulación de factores intersubjetivos e interobjetivos posteriores. En este sentido, la operación desmitificadora racional, que hemos visto en plena marcha ya con Espinosa, resulta inestimable. No obstante, la expresión 'alcanzar la condición de dioses' que aquí utiliza Bueno es una proposición intencionalmente polémica, si no irónica y por tanto despreciativa, de un fenómeno subjetivo real. El lenguaje mítico en que suele envolverse es elíptico a falta sin duda de un modo adecuado de expresar la vivencia –o la experiencia, pues puede inducirse–, así como es necesariamente simbólico y por tanto tendente a la ocultación, pero ello no significa que no designe algo real, aunque de un modo subjetivo. La consideración exclusiva de los elementos intersubjetivos e interobjetivos circundantes que operan en la formación del mito, por muy importantes que sean, constituiría una traducción limitada y por lo tanto incorrecta de lo que en efecto sucede en los dominios transpersonales, ya sean subjetivos o intersubjetivos. En una palabra, el hecho de que los elementos intersubjetivos e interobjetivos sean esenciales a la formación del mito, no significa que los subjetivos, o sea, la experiencia de lo divino, no existan. La transformación de ciertos sujetos mortales en Egos Transcendentales ha de incorporar sin duda una aproximación hermenéutica, tan espinosiana, como la que ofrece Bueno, enfocada en las coalescencias entre las dimensiones que producen instituciones progresivamente evolucionadas y cada vez más diferenciadas. De ahí se sigue que, en efecto, el Ego Transcendental no sea jamás una persona en el sentido literal, sino una sinergia de factores en varias dimensiones que sellan un punto supremo a partir del cual se inicia el *regresus* hacia la Materia reflexionada (M_i). El mito no haría sino mostrar a su manera –más confusa y condensada, personificada– esa verdad del ascenso a lo transcendente y de regreso al mundo.

Resulta cuando menos curioso que, en sus ejemplos de apoteosis o divinización de sujetos mortales (evemerismo), Bueno se guarde mucho de mencionar a Jesús, que es el caso más palmario y de mayor influencia en nuestra tradición del pensamiento. Tampoco cuaja lo que escribe después (pág. 163) cuando niega que la existencia de Dios tenga que ver con la psicología y que es exclusivamente una cuestión de ontología. Aquí se evidencia una vez más la reticencia a entrar en los datos que poseemos acerca de la experiencia transpersonal (psicológicamente hablando), pues es ahí donde se manifiesta la verdad (o una verdad) de los contenidos religiosos o filosóficos (incluido el Ego Transcendental) que se refieren a Dios, iluminando en parte su sentido, sin menoscabo de que su configuración postrera y por tanto su transmisión a las generaciones siguientes necesite de la intervención del resto de dimensiones, es decir, de instituciones intersubjetivo-interobjetivas que le den forma.

Aquí cabría apuntar de nuevo que, precisamente por ello, resulta algo confuso llamarlo 'Ego Trascendental', cuando se trata más bien de un índice de la transcendencia[59] en todas las dimensiones y no sólo en la subjetiva, la del Ego. La exclusividad yoica de este elemento transcendental carece de sentido, y es hasta paradójica habida cuenta de que a la hora de la verdad es justamente la subjetividad la que se ve despojada de lo transcendente, transfiriéndola en cambio a la intersubjetividad y la interobjetividad. Desde nuestro punto de vista, lo subjetivo es de seguro parte del tejido y podría establecerse filosóficamente de un modo cada vez más diferenciado, es decir, por estadios y en conjunción con los estadios correspondientes a las otras

---

[59] Acaso también podría presentarse lo transcendente como una función (Alain Badiou, *Logics of Worlds,* Bloomsbury, 2009, pág. 278) a partir de la cual se evalúan los grados y contenidos propios de cada dimensión.

dimensiones, generando así un índice transcendental en evolución que, para que sea seguido por grandes números de personas, en un momento dado ha de tomar una forma mítica, es decir, egoica[60]. Tal apoteosis conformaría el pináculo desde el cual puede operar un *regressus* hacia lo personal y lo prepersonal, que son sin duda los estadios más comunes, lo que en absoluto desdice la existencia lo transpersonal. Si tomamos el caso algo más cercano de la santidad –por contraste a las apoteosis míticas de divinización de humanos concretos–, resulta tan poco convincente atribuir este estatus a una coalescencia de factores intersubjetivos e interobjetivos proyectada sobre un sujeto singular como la pura reducción psicologista, que en último término sería meramente autoatributiva y por tanto falsa o contradictoria con la propia idea de santidad, que supone una entrega reconocible por otros.

La cuestión del índice (o ego) transcendental en todas las dimensiones –no sólo en la subjetiva, ni tampoco en todas las demás salvo la subjetiva, como parece otras veces– pone el foco sobre una cuestión de vital importancia a la hora de comprender el sistema filosófico de Espinosa, a saber, cómo y por qué tienden a confundirse lo transpersonal (primera persona) y lo impersonal (tercera persona). Espinosa había delineado una diferencia entre dos tipos de conocimiento (el segundo y el tercero, concretamente) que se adecúan a lo impersonal y lo transpersonal, respectivamente, de tal modo que la confusión no es tanto atribuible a nuestro autor como a aquellos racionalistas que no se han dado por aludidos cuando Espinosa habla del tercer tipo, la *ciencia intuitiva*. La ausencia de esta diferenciación o de haber captado el sentido del tercer tipo, que es eminentemente subjetivo y que penetra en esa zona transracional a partir de la cual se inicia un *regressus*, provoca a su vez el desconcierto entre los distintos índices dimensionales o incita que sólo se vea uno en detri-

---

[60] Aquí también Bueno y el budismo estarían a una, pues, como escribirá más adelante, que «el ego natural, pese a ser resultado de una teoría, suele ser presentado como un hecho de experiencia interna» (pág. 164) remite a esa operación desustancializadora implicada en la búsqueda racional de causas.

mento de otros. En su teoría del ensamblaje,[61] Žižek también trata la diferencia entre una transcendencia subjetiva (primera persona) y objetiva (de tercera persona) con más brillantez en lo segundo que en lo primero, donde no ahonda verdaderamente pues no repara en las técnicas contemplativas o psicotrópicas.

De este modo, la cuestión que antes de *El Ego Transcendental* podría plantearse críticamente como de qué modo el segundo género de materialidad constituye, en efecto, un género de materialidad, es decir, qué tipos de conocimiento produce y cuáles son sus verdades en contraste con los otros géneros, ahora, una vez admitida la legitimidad de disciplinas teóricas y prácticas que tratan de lo interior-singular, o sea, de M_2, y que están, como las otras, en un permanente flujo comunicativo (*progressus* y *regressus*) con la materia ontológico-general, la pregunta es más bien cómo abordar los contenidos generados por sus estadios más elevados (lo cual, por supuesto, precisa del reconocimiento de una evolución estadial en esta dimensión, del mismo modo que se reconocía en la dimensión intersubjetiva aplicada a la religión en *El Animal Divino*, aunque sólo hasta cierto punto). Y así, siguiendo el hilo enhebrado por el propio Bueno cuando hablaba de no considerar como meros residuos míticos verdades como 'Yo Soy el que Soy' o 'Yo soy el Camino, la Verdad y la Vida' y de rescatarlas para el Materialismo Filosófico, es fundamental abrirse a la idea de que bajo los pliegues de los marcos metafísicos se encuentran momentos de verdad no ya solo aprovechables sino absolutamente capitales e insustituibles, desde luego no producidos con semejante extensión y profundidad por ninguna filosofía o ciencia moderna, incluida la de Espinosa. La clave de la traducción está en una noción clara de los estadios –y en concreto en la entrada en lo transpersonal– en la esfera subjetiva, que es la que conformó sustancialmente tanto el mito como posteriormente el marco metafísico.

Como explica Bueno en el apartado 4 del cuarto capítulo, damos por descontado que la referencia de todo material segundogenérico ha de ser siempre el propio cuerpo, y no ponemos reserva alguna a la idea de que es prescindible postular una especie de 'cuerpo interno' o

---

[61] Por ejemplo en las págs. 353 ss. de *El Sexo y el Fracaso del Absoluto* (Paidós, 2020).

'alma' como ente aparte, si bien cabría hacer dos precisiones a este respecto. En primer lugar, que, como vimos en Espinosa, cabría hablar de 'alma' en tanto que resultado del discurso en el atributo del pensamiento. No porque el alma sea distinta del cuerpo, sino porque es fruto de una cierta perspectiva (atributo de la *res cogitans*), siendo sin embargo el mismo ente. En segundo lugar, el término 'alma' puede constituir, más que una idea acerca de un ente (sentido filosófico), una evocación poética y metafórica de una vivencia que puede señalarse como perteneciente a determinados estadios de la subjetividad, y que, por eso mismo, no son susceptibles de ser negados por quienes no los han alcanzado, que obviamente tenderán a malinterpretarlos (como por ejemplo diciendo que el alma no existe). El propio 'yo' no deja de ser una referencia similar: no podríamos explicársela a un infante de dos años porque carece todavía de ella; en estadios ulteriores sucede al revés, a saber, que a muchos adultos resulta casi imposible mostrarles que el yo no tiene existencia propiamente dicha, es decir, que no es sustancial.

Bueno parece dar por sentado que las vivencias internas correspondientes a los estadios egoicos son las últimas y definitivas (en concreto las vivencias de lo que Wilber llama el 'centauro existencial', que es el estadio egoico más elevado), lo cual resulta tan infundado como el postulado teórico de un alma aparte del cuerpo. Existen abundantísimas pruebas de vivencias transegoicas que, si bien mantienen la referencialidad al propio cuerpo (puesto que no podrían producirse sin él), la desbordan por completo en, pongamos, una identificación con la Naturaleza o con la Vida toda. Huelga decir que es aquí donde entra Dios de un modo segundogenérico, y donde habría que meter el escalpelo para diferenciar entre el marco metafísico en que quedó envuelta la vivencia en un momento histórico dado y la vivencia misma, que es susceptible de plantearse de otras maneras (aunque el modo mítico posea cualidades insustituibles de evocación, que sería la razón por la que 'el arte es eterno'). Una vivencia tal no puede entenderse cabalmente desde estadios inferiores a lo transegoico, o sea, desde una racionalidad cuyo marco remite a las operaciones del 'ego diminuto', como lo llamará más tarde Bueno. Siguiendo la sugerencia de Espinosa con su tercer tipo de conocimiento, el Materialismo Filosófico está obligado a ampliar su ámbito a estos estadios transegoicos o transpersonales sin por ello renunciar a su suelo. Por decirlo una vez más, que las vivencias –o, llegado el caso, experiencias– hayan sido moldeadas por la metafísica o el idealismo no significa que haya que desecharlas. Esta sería la única manera de abordar la cuestión sin caer en formas más o menos reduccionistas de materialismo o más o menos metafísicas de espiritualismo[62].

Por ello, las precisiones ontológicas acerca del segundo género de materialidad que nos ofrece Bueno no pasan en cierto modo de ser mera carcasa: carecen de contenido. Está bien dedicar tantas páginas a establecer que lo segundogenérico o psicológico no implica un alma o un cuerpo interno, pero persiste la cuestión: ¿qué verdades pueden enunciarse de sus vivencias? Sabiendo que ni todas carecen de sentido ni que todas valen igual, ¿cómo ordenarlas o clasificarlas? Entrar en esta discusión supone poner en valor afirmaciones típicamente segundogenéricas que rebasan las estructuras egoicas, cosa que Bueno no emprende amparándose en que se formalizaron de modo metafísico, lamentablemente sin entrar en cómo son recuperables para el materialismo, que es lo que importa. Es decir, se evita todo lo posible entrar en su significado efectivo, divirtiendo la cuestión a lo inapropiado de la forma en que ha sido propuesta. De ahí que, del mismo modo que en otras ocasiones todo lo segundogenéri-

---

[62] El idealismo es aquella forma subjetivizante que transita de arriba abajo, es decir, como continuación del modo metafísico de pensamiento. Pero el materialismo contaría sólo la mitad de la historia si se centrase exclusivamente en el ascenso o en esferas no subjetivas. Ambas direcciones inmanencia-transcendencia y transcendencia-inmanencia han de ser estimadas, así como las cuatro dimensiones (subjetividad, intersubjetividad, objetividad e interobjetividad). En tanto que el idealismo o la metafísica posee una arraigada tendencia –se diría que inextricable– a convertirlo todo en una narrativa que desprecia o ignora ya sea lo intersubjetivo, lo objetivo o lo interobjetivo –de distintas maneras según la versión–, es preciso que la filosofía sea materialista. Pero el materialismo –pese a Espinosa, que no iba por ahí– ha creado sus propios hábitos asociados un peculiar -ismo, que podrán haber sido el correctivo necesario al idealismo pero que en sí mismos pueden degenerar en otra suerte de parcialidad, y, paradójicamente, de idealismo o transcendentalismo.

co era desplazado dada la dificultad de su tratamiento hacia formas de comprensión de M_1 o M_3, ahora parece que la única –y pobre– solución es considerar verdad solo aquello que se corresponde con los estadios pre-egoicos (supervivencia biológica, sexualidad, etc.) y egoicos, amén de todas sus conexiones históricas con los otros géneros de materialidad, pero nunca a los transegoicos, por más que se ejerciten en medios experimentales relativamente controlados o acerca de los cuales existe una abundantísima literatura, tanto artística como científica. Tal ausencia de una entrada teórica en lo transpersonal se contagia a discípulos de Bueno, como Maestro, que trabajan el terreno literario, allí donde es más que probable toparse con este dominio. ¿Acaso un poema de Georg Trackl no apunta a una verdad, es decir, a un estadio irreductible tanto a otra dimensión como a otro estadio inferior (o aún superior)? La discusión acerca de lo transpersonal también repercute sobre lo que se entiende por 'escala antrópica', pues con esta expresión podría deslizarse con relativa facilidad que toda consideración ha de reducirse a lo personal y prepersonal, en cuyo caso de nuevo lo transegoico quedaría excluido.

El capítulo 5.2.3 ('El Ego transcendental en el contexto del espiritualismo realista e idealista') se dispone por fin a una discusión acerca de qué puede conservarse como contenido de verdad en la metafísica espiritualista de nuestra tradición, y por ello merece que nos demoremos en él: «En realidad, quien 'desde una perspectiva filosófica' deja de lado (en el 'reino del mito') las palabras de Yahvé o de Jesús como 'asunto de creyentes' se sitúa ingenuamente en el punto de vista emic del creyente. Desde el punto de vista emic [o sea, del lado de dentro] del materialismo, el Yo de Yahvé y el Yo de Jesús hay que atribuirlo a un yo humano, pero no circunscrito a la condición de 'ego diminuto psicológico', sino ampliado a la condición de un 'Yo divino', a un Yo transcendental, que se manifestaba a todos los hombres de todo el mundo» (pág. 257). La idea es similar a la revisada más arriba, pero sin que ahora se subraye la importancia de las otras dimensiones en la configuración del Yo transcendental. Dejando a un lado hasta qué punto Bueno pilló desprevenidos a sus seguidores habituales[63] con esta constatación decisiva de una *ampliación* del ego diminuto –o sea, el personal y regular– a un yo divino, me gustaría acentuar que, con esto y todo, aún falta algo, puesto que el yo divino –pongamos, la Supermente de Aurobindo– no es un ente cerrado, sino una figuración egoiforme o una mera forma de describir una presencia transcendente que no es meramente transcendental en el sentido de una necesidad de la abstracción o mediación filosófica (lado de fuera), sino vivible y aun experimentable (lado de dentro). No obstante, en efecto, es crucial tal divinización del Hombre, marca de la casa cristiana y vía media resolutiva entre el transcendentalismo exclusivo, es decir, sin anclaje en la materia, y el inmanentismo exclusivo, que se resiste a mirar hacia dentro o hacia delante.

Tras una importantísima acotación acerca de la Iglesia como una comunidad centrada en actos de caridad más que reunida en torno a dogmas de fe, siendo éste su elemento distintivo (pág. 261), aparece en el texto una idea nuclear a mi *Filosofía y Revelación*, allí donde filosofía y revelación se trenzan en Cristo: «Por ello, la proximidad que la 'fe viva práctica' de los cristianos mantiene a lo largo de la historia con el ejercicio de la idea de Ego Transcendental se explica, en gran medida, si concedemos que, no ya la Teología natural, sino la Teología dogmática cristiana (en tanto se organiza en torno a dogmas, vinculados a su Iglesia, de la Encarnación y la Trinidad), representa un cauce nuevo que la racionalidad le había sido abierto a través de un Ego Transcendental vinculado a la figura de Cristo». Añade, ahora sí, que «los problemas de la transformación del ego categorial en ego transcendental sólo podrá tener lugar en un terreno histórico-cultural y no en un terreno psicológico-individual» (pág. 264), siendo éste un aspecto esencial para comprender la figura de Jesús tal como se presenta en los Evangelios, especialmente en el evangelista Juan[64]. De todos modos, los componentes psicológicos

---

[63] ¿O deberíamos decir 'discípulos', en la medida en que el 'ego diminuto' de Bueno va tornando en Yo Transcendental?

[64] El ingenioso y suculento trabajo reconstructor de la figura de Jesús llevado a cabo por Morton Smith, que, siendo históricamente fehaciente, escapa a la tónica general de las reconstrucciones, ya sean de autores cristianos,

son ineludibles en tal transformación, toda vez que, como indica Bueno más abajo, resulta imprescindible distinguir entre la ubiquidad de Dios (está en todas partes) y la habitación mayor o menor en diferentes personas, de acuerdo con su grado de desarrollo o santidad.

Aquí por fin se ve en Bueno algo así como un atisbo del dominio transpersonal, que en última instancia ha sido el *telos* de las religiones terciarias, si es que no también seminalmente de las primarias y secundarias. La discusión que sigue inmediatamente es exquisita, pero choca que Bueno no haya caído en la cuenta de que este proceso de transformación no es exclusivo del cristianismo, pese a todas las ventajas conceptuales que supone el fértil cruce entre filosofía y revelación en Cristo y la Trinidad; como extraña asimismo que no advierta que el misticismo y el arte han sido sus vehículos principales, lo que requería un tratamiento en cualquier sistema filosófico que se precie de ser comprehensivo. Como ya dijimos, algo así obligaría a una readaptación masiva de sus presentaciones previas, y, siendo un escrito tan tardío, Bueno ya no podía realizarlo. Lo ofrecido aquí, con todo, supera con mucho lo precedente y lo que cabría esperar de una supuesta continuidad con su obra anterior.

Bueno asimismo registra el problema de la alternancia entre los lados cuando escribe: «Ante todo, insistimos en que sólo desde una perspectiva *etic* semejante (y sin duda mejorable) es posible conceder atención filosófica a la doctrina de la Inhabitación. Considerada como doctrina *emic* teológico-dogmática su significado filosófico se evapora...» (pág. 267). Continúa con una arenga contra quien no cree en este proceso de transformación y lo desmitifica, y remata que «es imposible reinterpretar filosóficamente un dogma si no se dispone de un sistema hermenéutico desde el cual pueda llevarse a cabo una interpretación que, al propio tiempo, mantiene su sentido 'desmitificado'» (pág. 267), que es ciertamente lo exigible y de lo cual sin embargo no ha dejado pista alguna en toda su obra anterior. El cam-

---

agnósticos o ateos, no tenía suficientemente en cuenta este punto neurálgico. La verdad es que nunca podrá saberse con precisión cuánto hay de subjetivo, es decir, perteneciente a la espiritualidad del histórico Jesús, y cuánto es reconstruido (intersubjetivamente, interobjetivamente) a partir de la espiritualidad y tradiciones de algunos de sus seguidores.

bio en estos últimos compases de *El Ego Transcendental* con respecto a sus escritos precedentes es así tan manifiesto como sorprendente, y resulta una pena que no tuviese más años para desarrollarlo como merece, pues con su inmensa erudición y rigor intelectual hubiese resultado bien sabroso. Quizá incluso hubiese podido aplicar el método a otras tradiciones espirituales en que el proceso de transformación del ego diminuto en ego divino es bien palpable.

El párrafo que sigue a las palabras citadas antes (el punto 2) confunde la naturaleza suprapersonal de las dimensiones no subjetivas – lo social, histórico y político– con el motivo de la gracia, que es lo transcendente (lado de dentro) en la subjetividad, sin perjuicio de que en muchos casos se haya denominado 'gracia' lo que constituye un avance colectivo determinado. En el punto 3 más abajo Bueno establece el paralelismo entre la Trinidad y los tres géneros de materialidad que yo elaboré en *Filosofía y Revelación* con cierto pormenor y desde varios ángulos. Para Bueno, «M_1 se relaciona con el sujeto corpóreo impulsado por 'el espíritu de la vida', por la voluntad o el deseo (teológicamente, el Espíritu Santo); M_2 se correspondería con la conciencia reflexiva, es decir, con el Hijo que busca el conocimiento; y M_3 se corresponde con el Padre, que se manifiesta a través de M_1 y M_2, a los cuales 'engloba'» (págs. 267-268). Se trata de una adscripción tan justificada como arbitraria—como la mía propia, que demarcaba lo subjetivo-transcendente en el Padre, lo objetivo en el Logos y lo intersubjetivo en el Espíritu[65].

---

[65] De hecho, más tarde, en el capítulo 6.3.5 (pág. 316), Bueno establece el paralelismo más en esta línea: «Dios Padre ejerce las funciones que corresponden a M en el materialismo filosófico»; «la orientación hacia el Universo, a través del Hijo, corresponde al Ego Transcendental» y «el Espíritu santo, asociado a la Iglesia», lo que viene a corroborar mi impresión inicial de M lo como transcendente y de E como Cristo (que, en todo caso, *no* sería una hipóstasis trinitaria, la cual en cambio corresponde al Logos – objetividad–). También en la línea de lo que expuse en *Filosofía y Revelación*, Bueno piensa que «para poder hablar de pensamiento filosófico, refiriéndonos al demiurgo, es preciso eliminar críticamente la corporeidad del propio sujeto demiúrgico» y que por lo tanto «la filosofía es iconoclasta» (capítulo 6.3.3, págs. 307 y 308). Me gustaría añadir por último que la Trinidad de Sri Aurobindo, basada en la sabiduría védica, es en el fondo idén-

De cualquier modo, Bueno pasa disimuladamente por alto la cuestión capital, pedida a gritos en todo lo elaborado hasta el momento, de cómo nombrar y en qué consisten los estadios constitutivos de esa transformación del ego categórico o personal en el divino o transcendental. Lo que viene a discurrir más tarde sobrentiende un Ego Transcendental *etic*, filosófico, establecido, olvidando por entero la cuestión de su adquisición por parte de algunos, llamados santos, cuyas trazas también podrían encontrarse en obras artísticas de todo género. En este sentido, la filosofía del arte de Bueno resulta decepcionante pese a todos sus aciertos, que son ante todo de naturaleza interobjetiva. Mas llama la atención que Jesús Maestro, discípulo de Bueno y materialista consecuente especializado en literatura, no se lance a rellenar el hueco de la transformación y de los estadios que jalonan la transición del ego diminuto al divino (de lo personal a lo transpersonal) que deja abierto Bueno en estas páginas, en especial mediante la literatura mística, pero no solamente ella. Ello vendría a convenir con la idea de que en toda su obra previa Bueno no había dejado rastros de esta aproximación y de que apartados como el 1 y 2 del capítulo quinto de *El Ego Transcendental* llegaron algo tarde. Como nota curiosa que invita a conjeturas, los apartados susodichos están plagados de erratas en el texto, como si el propio Bueno también se hubiese resistido a revisarlos.

Más tarde, en el capítulo 6.2.3, Bueno comenta perspicazmente que el Ego Transcendental (E) de su sistema no es ni la Mente de Hegel ni la Conciencia Pensante de Engels. Una vez más deja claro que E

---

tica a la cristiana. Su Existencia - Conciencia - Beatitud equivale a la Transcendencia (que es pura negatividad y positividad o inmutabilidad terna y dinámica infinita) - Logos (Encarnación) - Espíritu. El tratamiento de la ética en el capítulo XI de su *La Vida Divina* se acerca pasmosamente a Espinosa, solo que Aurobindo incluye y explicita una escala evolutiva que a la postre sería también la respuesta cristiana a por qué hay mal en el mundo cuando Dios es Bondad. En lo más bajo de la escala estaría lo infra-ético en la vida pre-humana, después lo ético en la vida humana, y finalmente lo trans-ético en la vida transpersonal humana, con la bondad pura de Dios en todas ellas aunque oculta. De este modo se completaría de algún modo la *Ética* de Espinosa, evadiendo la tendencia cristiana a concebir a Dios extracósmicamente para no mancharle con el mal y el sufrimiento del mundo.

es un mediador, en dialéctica circular, entre los mundos genéricos y la materia ontológico-general, permitiendo de este modo una totalización que haga posible un Universo filosóficamente tangible e inteligible. Bueno no explicita que E posee dos caras, una que mira hacia arriba, hacia lo transcendente, y otra hacia abajo, a lo inmanente, pero puede extraerse de lo siguiente: M es ciertamente «infinita e indefinida» (pág. 296) y E sería, por tanto, el «filtro» mediante el cual M puede pensarse (estableciéndose como M_i), así como también la razón por la que, a partir de M_i (M_1, M_2, M_3), puede colegirse que M existe. A ello, algo después (pág. 299), llamará la 'concepción antrópica' de M_i con M, distinguida meridianamente de cualquier intento de antropocentrismo y que, más aún, ve como la única manera de escapar, por un lado, de la tendencia de la filosofía natural materialista al reduccionismo descendente, y, por otro lado, del holismo, que opera por reducción ascendente (pág. 300). En el resumen de la página 302, Bueno califica a M de «materialidad transcendental»; es decir: siempre hay un aspecto o cara transcendente, y E (Cristo) es la línea divisoria y unitiva de aquélla con el mundo (M_i).

Que el Ego Transcendental de Bueno no es un punto referencial abstracto sino el producto de una evolución se manifiesta en el siguiente pasaje: «El cigoto no implica el organismo adulto, pero sin embargo éste (en nuestro caso, el Yo Transcendental) 'implica', a través de la gástrula o la mórula, el cigoto en las diversas fases de su desarrollo (es decir, los diversos tipos de Ego categorial)» (capítulo 6.1.1, pág. 291). Insisto en que es una pena que ni aquí ni en ninguna de sus otras obras se haya detenido a describir esta evolución de la subjetividad, lo cual obviamente implicaría una zambullida en obras religiosas de manera distinta a lo acostumbrado. Bueno no coordina su intuición de que siempre se da una 'presencia oblicua' del ego en todo objeto con las observaciones anteriores del capítulo quinto acerca de la búsqueda del yo divino, que es una empresa subjetiva, como si de lo primero pudiese extraerse un principio hipostático que no obstante no coincide con lo segundo. Así, en fin, el aserto de que «la transformación del Ego categorial en Ego transcendental no podría ser concebida como un proceso que pudiese afectar a un sujeto egoiforme individual, capaz de evolucionar o madurar psicológicamente desde un estado zoológico infantil hasta un estado adulto de plenitud» (capítulo 6.3.5, pág. 311) ignora que la evolución es siempre multidimensional, lo que significa que es *también* subjetiva.

El capítulo sexto y último de *El Ego Transcendental* termina abruptamente sin desarrollar lo prometido en el apartado 4.1, a saber, las ordenaciones II y III correspondientes al papel que juega el Ego Transcendental en la filosofía cristiana medieval y la filosofía moderna, habiendo expuesto, eso sí, magníficamente, la correspondiente a I, la filosofía antigua.

En resumen, la formulación propuesta esta obra adolece, a mi modo de ver, de dos defectos principales. Primero, resulta confuso que M sea lo transcendente, pues le da un sabor inmanentista que no le corresponde, impidiendo adumbrar los dos lados presentes en cada ocasión y en todas las dimensiones. M, en efecto, podría decirse que 'contiene' lo transcendente, en tanto que, al decirlos, los dos lados (dentro y fuera, transcendente e inmanente) pertenecen al marco filosófico. Pero el lado de dentro, lo transcendente, está fuera del marco, una y otra vez, a cada instante. El hecho de que podamos señalarlo no prescinde de su infinitud, y en concreto no consiente que el sujeto reflexivo pueda darse por satisfecho con sus conquistas, pues siempre se verá superado no ya sólo desde el punto de vista reflexivo y filosófico sino también subjetivo, donde sólo cesa mediante un contacto con la eternidad que Bueno sólo trata desde fuera, como si no fuese con él personalmente (que es la crítica de Kierkegaard a la filosofía sistemática en conjunto, no sólo a Hegel).

Por ello, y en segundo lugar, no procedería instituir al Ego Transcendental como absolutamente aparte de lo psicológico, en concreto de M_2, pues al fin y al cabo, como también Bueno no ha tenido más remedio que mostrar, la referencia es siempre el sujeto concreto, por más que luego se configure, deificándolo, a través de otros géneros de materialidad o dimensiones. Así es cómo logra dejar como incomprensible, imposible de analizar o estudiar, la transformación del ego diminuto en el divino o transcendental, que, es verdad, no puede entenderse sin las condiciones intersubjetivas, objetivas e interobjetivas históricamente dadas, pero que asimismo tienen un asiento inapelable en la subjetividad.

A pesar de estos defectos y de que en sus escritos anteriores muchos de estos elementos no apareciesen con la claridad requerida o en absoluto, restringiéndose a enfoques de las dimensiones exteriores (objetiva e interobjetiva), los rudimentos de un materialismo integral están presentes en esta obra tardía, si bien Ken Wilber los ha organizado de un modo más coherente y comprehensivo y con mayor acopio de datos, y ello sin perjuicio de que Bueno conozca mejor la tradición filosófica occidental y haya adivinado mejor que, sin ella, y en concreto sin el cristianismo, no habría marco postmetafísico integral que valga.

Capítulo 8
A modo de conclusión

A Espinosa no se le escapaba que la Naturaleza –por ponerlo en términos contemporáneos– es un caos –el cual, como mostró Antonio Escohotado, no se opone frontalmente al orden–, y que el orden percibido pertenece al pensamiento. Aunque Espinosa esté lo más lejos que quepa concebir del deísmo, tal orden (*cosmos*), en términos de la modernidad histórica, tiende a entroncar con un regimiento de leyes inmutables que pareciera ser aplicable por igual a la Física que al Derecho o lo Político. El denominador común con la filosofía antigua sería en todo caso que se trata de un orden potencialmente determinable por la razón, pese a la infinitud constitutiva de la Naturaleza. Si lo he comprendido bien, de acuerdo con el materialismo filosófico de Bueno, toda vez que ese caos o infinitud de la Naturaleza es pensado, ya no puede hablarse de infinitud, sino de un todo finito pero ilimitado. En todo caso, esta racionalidad, que en las materias ontológico-especiales aparecen como la búsqueda de la determinación de causas, es consustancial a la filosofía, es decir, a la reflexividad, al lado de fuera.

Ahora bien, siempre conviene volver al principio y recordarnos, pese a todas las conquistas de nuestra capacidad reflexiva, que esto es sólo la mitad de la historia, y que en el lado de dentro nos enfrentamos a un infinito. Es más, hemos de reconocer que, en el lado de fuera, todo intento de asentar un orden está condenado al fracaso, pues –como ha mostrado Žižek singularmente bien en un escrito reciente, ya citado– la excepción es inherente a la regla. Siempre se produce una fuga de la norma: aunque inabarcable para la reflexividad, siempre ha de tenerse en cuenta lo transcendente, que, traducido a otros lenguajes o contextos, si se quiere, podría ponerse como lo milagroso, lo providencial, la intervención divina o tantas otras.

Lo que hemos llamado la Gran Alternancia no termina aquí, por supuesto, sino que es incesante. La naturaleza de la filosofía exige traducir lo otrora atribuido a lo milagroso a algo natural y comprensible, y de hecho lo hace, pero siempre *a posteriori*. Es absolutamente impotente para anticipar, y en rigor para comprender, la ruptura, que todo lo más puede constatar una vez acaecida. Esta dinámica de alternancia entre los lados es en esencia el motor de nuestro conocimiento, en correspondencia con una evolución del ser y en todos los campos.

Aquello que se dice milagroso o providencial (lo transcendente apareciendo en la realidad, en la historia –colectiva o individual– o en el dominio físico) trae un envoltorio mítico que la razón requiere desenvolver. Pero aquí estaríamos hablando de dos cosas (o *ejes*) distintos, que apremia distinguir. Cuando hablamos de mito y razón en este contexto estamos refiriéndonos no tanto a los lados como a dos estadios en la evolución de la conciencia, tal que la razón-*logos* es un fruto más tardío que el *mythos*, del cual emerge. El hecho no obstante de que un contenido se vista míticamente no significa que no esté apuntando a una realidad superior a algo envuelto en lo racional. De hecho, el envoltorio mítico es a menudo más susceptible de sugerir la presencia de lo transcendente que el racional. Toda vez que estamos envueltos en el dintorno del *mythos* es más fácil de expresar una apertura inesperada de su entorno porque aquí no estamos sujetos a la tiranía del lado de fuera, al principio de realidad. En lo mítico, lo imaginativo, todo es posible. Por supuesto que la forma mítica es también una forma reflexiva –y en muchos sentidos de calado inferior a la racional, pues la razón es capaz de diseccionar más extensa y precisamente– y en este sentido pertenece siempre al lado de fuera, pero justamente porque su forma permite una ruptura imaginativa del orden real-racional le es sumamente fácil insinuar el infinito desbocado y desconocido que yace detrás de todo. Las posibilidades dibujadas febrilmente por el *mythos*, que la razón no podía anticipar, acaban por suceder casi necesariamente, pues son su falta de concreción y su poder evocador lo que hace de imán para tantos eventos ya manifiestos. Entonces es cuando la razón se apresurará a explicar lo sucedido como algo perfectamente cabal y lógico.

Por ello, no hay verdadera contradicción entre la poesía y la filosofía, aunque sean incompatibles como lados. Y así estrechándonos en esta pequeña juntura de la historia, lo mismo podría decirse entre el – relativo– naturalismo de Espinosa por un lado y el –igualmente relativo– sobrenaturalismo del cristianismo por el otro, así como de tantas otras duplas que en el fondo no son más que expresiones de la Gran Alternancia en sus entretejimientos con distintos estadios y dimensiones. La fe de acuerdo con Kierkegaard (p.ej. en *Papirer*, VII^1 B 153:5[66], *circa* 1846), allí cuando todo está en orden y no hace falta comprenderlo –o cuando incluso comprendiendo algo siempre es mejor creer– no difiere tanto, en el fondo, de la idea de Espinosa según la cual la sustancia es una e infinita, y todo –hasta el pelillo más diminuto– sucede por una razón. En ambos casos hay una faceta de racionalidad y orden así como de consuelo en que las cosas están bien como son y no podrían ser de otra manera pese a que no podamos comprenderlo todo ni muchísimo menos, y por tanto donde la aceptación y el reconocimiento de nuestra limitación son fundamentales para la libertad[67].

Así, pues, por una vía, la libertad o es incondicionada o no existe en absoluto. Por otra, como en la racional de Espinosa o en la budista, todo es condicionado y la libertad consiste en examinar y reconocer tales condiciones. Se trata de una vía que destruye el peligro potencial del subjetivismo metafísico, o de la metafísica subjetivista, pero que por otro lado juega al despiste con la subjetividad, como si no fuera un factor a considerar que podría ponerse entre paréntesis para un estudio aparte, como sucede con el misticismo. La reflexión –o, si se quiere, el materialismo– que va asociado a la segunda vía tiende a ser determinista porque contempla desde fuera y *a posteriori* hechos consumados, pero en el fragor del presente siempre hay que tener en cuenta un margen de indeterminación que es donde emerge

---

[66] Tomado de *Journals and Papers* (Indiana University Press 1975), Vol. 3.2, §3629, pág. 680.

[67] Percepción de una limitación personal que sería imposible sin el contraste de lo que son capaces de percibir los demás, ya sea menos o más, es decir, sin una dimensión intersubjetiva, así como sin una impresión tan vaga y abierta como inequívoca de que somos transcendidos a cada momento.

lo nuevo, lo creativo, y que es, en último término, lo transcendente como tal en todos los casos y en todas las dimensiones. Cuando contemplamos la historia, o sea, lo ya acontecido, la dificultad estriba en determinar qué es lo realmente nuevo o cuáles las causas inmediatas de tal o cual suceso. Tan pronto como nos detenemos en un punto concreto, advertimos que para especificar tales causas tendríamos que aumentar el foco para observar cada vez más detalles, pero en cada detalle sucedería, de nuevo, lo mismo, y así *ad infinitum*. Es también lo que sucede en la física de partículas: al final, hay una indecidibilidad. Sabemos que sucede, es más, sabemos que estamos ante un orden, pero jamás tocamos su fondo ni cesamos jamás de sorprendernos ante la abrumadora extensión de sus posibilidades, tanta que acaba por antojársenos como un milagro o como una broma. Reconocer que se produce un 'salto' de orígenes en última instancia ignotos supone acatar lo que en la historia de las ideas se ha planteado en trayectorias diferentes e incompatibles: por un lado, que hay una causa (razón) natural para todo; por otro, que hay algo desconocido, 'vacío' dice Žižek, transcendente, en cada ocasión y en todas las dimensiones[68].

---

[68] Por cierto que Žižek también ha visto, contra Espinosa, que no es posible desprenderse de la teleología y que tal supuesto despojo no podría considerarse la cumbre del materialismo (cfr. *El sexo y el fracaso del absoluto*, pág. 416). La teoría de la evolución darwinista, obviamente desconocida para Espinosa, aparecería incluso, de un modo paradójico, como un argumento de apoyo en aquella argumentación contra Espinosa que, tras su muerte, pudo acaso tener más peso entre otros múltiples intentos de refutación, a saber, el conocido 'argumento del diseño' (Cfr. Jonathan Israel, *Radical Enlightenment: Philosophy and the Making of Modernity (1650-1750)*, cap. 24). Este argumento viene a ser una reedición del asombro que produce la Naturaleza, siendo imposible concluir tras observarla que su diseño no implica una inteligencia sobrehumana. Es paradójico, digo, por cómo una teoría que fue decisiva en la demolición del edificio metafísico cristiano puede acabar siendo también un pilar más en la argumentación de un diseño imposible sin una inteligencia suprema, absolutamente inabarcable para la humana. Pero aquí, por supuesto, estamos enfrentados una vez más al modo en que una formulación mítica oculta pero a la vez realza una constatación que puede, y a la vez no puede nunca del todo, ponerse en términos exclusivamente naturalistas.

Filosóficamente, no hay ni puede haber nada sobrenatural. Pero el lado de dentro, lo transcendente en cada ocasión, nos interpela, sin que podamos apelarlo, a la aquiescencia de un milagro cotidiano, a un instante de imposible explicación. Ésta es la gran paradoja inscrita en la Alternancia. Asimismo habría que tener en cuenta los estadios, pues no sólo sucede que, desde determinado punto de partida – pongamos el estadio mítico–, las instancias de los estadios superiores tienden a considerarse algo 'sobrenatural', sino sobre todo que existen estadios que rebasan, aunque incluyen, el naturalismo propiamente racional, como sucedía con el propio Espinosa al postular su tercer tipo de conocimiento, habiendo podido contentarse con el segundo (la razón) contra el primero (la opinión y la imaginación). No procedería, pues, negar crasamente lo sobrenatural sin distinguir entre niveles de conciencia, porque entonces no haríamos sino vedar parte de la realidad material. La filosofía materialista ha de descender cualquier declaración de milagro o sobrenaturalidad a un terreno manejable racionalmente –desnudando, por ejemplo, de vestiduras míticas eventos explicables mediante la adjudicación de causas naturales concretas–, mas sabiendo, a la vez, que semejante empresa es, en última instancia, vana, imposible y ella misma una suerte de locura irracional, puesto que el milagro estalla a cada instante frente a nosotros si nos disponemos a atenderlo (en la dimensión que sea).

Esto es especialmente relevante en la filosofía o crítica de la religión, cuyo exponente sin par en la modernidad es precisamente Espinosa. Una crítica naturalista de contenidos religiosos, teológicos o dogmáticos que otrora estaban relegados a una categoría más allá de crítica –asignada, por ejemplo, como Revelación– resulta insoslayable, consistiendo ante todo en el despojamiento de las vestiduras míticas, antes confundidas con algo inalterable y sagrado, para arribar en un entendimiento cabal de causas no infladas ni por la imaginación ni por pretensiones de autoridad suprema allende lo que una persona bien dispuesta racionalmente pueda comprender por sí misma. Ahora bien, este tipo de entendimiento crítico no puede –o debe– renunciar a lo transcendente en cuanto tal, que es el sentido verdadero de eso que se conoce como revelación, por más que a menudo esté confundido con el mito en que ha sido envuelto. Así, pues, el *quid* de todo intento de formulación de un pensamiento post-metafísico consistiría, a nuestro modo de ver, en integrar el eje vertical y teleológico de la metafísica tradicional con el eje horizontal de purificación racional anti-metafísica propia de la modernidad. Mientras nos aferremos a lo uno o lo otro en exclusiva, permaneceremos atrapados en meros fragmentos de lo real.

Capítulo 9
Filosofía vs Revelación en Espinosa

Los meandros precedentes han querido, entre otras cosas, ayudar a centrar la cuestión específica de la Filosofía y la Revelación tal como la trata Espinosa en el *Tratado Teológico-Político*, y, a modo de prolongación, otra de naturaleza más política como es la de la *auctoritas* y la *potestas*.

A esta última cuestión volveremos en el próximo y último capítulo, pero lo principal ya lo hemos señalado en las páginas anteriores. En la medida en que los dos lados de la alternancia no son distinguidos por Espinosa, y, asimismo, en tanto que éstos se corresponden, en la dimensión intersubjetiva –que tampoco fue distinguida por Espinosa a escala filosófica o como enfoque, aunque evidentemente sí la trató–, con la autoridad y la potestad, sus tratados políticos se nos muestran ambiguos y ambivalentes: por un lado capaces de matar verdaderos gigantes metafísicos y así de abrir nuevas avenidas críticas que son fundamentales al pensamiento moderno, pero también, por otro –y asimismo muy modernamente–, de ignorar veneros de autoridad política más allá del poder dado.

Por su parte, el tema, ligado al anterior, de la relación –ya sea de compatibilidad o incompatibilidad– entre Filosofía y Revelación es tratado abierta y específicamente por Espinosa en su *TTP* y es, a nuestros ojos, más intrincado de lo que parece a primera vista. Aunque no esperamos salir ilesos de su laberinto, confiamos en que de algo valga el intento de atravesarlo.

Para empezar, la idea común de que Espinosa distingue inicialmente entre ambas para después llevar la Revelación al huerto de la Filosofía y así rescindir su dominio se nos antoja poco digna de acomodar tanto la complejidad de la cuestión como lo que intenta transmitirnos Espinosa. Ahora bien, desmadejar lo que hay involucrado en su discurso implica trabajar con un mapa filosófico más allá de su sistema capaz de orientarnos entre sus aristas, ya sean conscientes o semiconscientes.

En el *TTP* encontramos en efecto una flagrante contradicción entre dos ideas aparentemente incompatibles: la de que Revelación y Filosofía son dos cosas completamente distintas, con bases y metas diferentes, y la de que ambas apuntan a lo mismo[69]. Dada esta discordan-

---

[69] Veámoslo con detalle. *Por un lado*, el espléndido Prefacio del *Tratado Teológico-Político* nos confiere una rigurosa distinción entre Revelación y Filosofía en la que Espinosa escribe expresamente que «me he persuadido totalmente de que la Escritura deja la razón absolutamente libre, y de que no tiene nada en común con la filosofía, sino que tanto una como otra se apoyan sobre una base propia» (epublibre, 2015; traducción de Atilano Domínguez, pág. 53). Amén de otras ocasiones desperdigadas a lo largo de la obra, Espinosa dedica dos capítulos enteros a esta cuestión, en concreto el capítulo XIV (titulado 'Qué es la fe y qué los fieles; se determinan los fundamentos de la fe y se la separa, finalmente, de la filosofía') y el XV (titulado aún más elocuentemente 'Se demuestra que ni la teología es esclava de la razón ni la razón de la teología, y por qué motivo estamos persuadidos de la autoridad de la Sagrada Escritura'), siendo –como se ve claramente en el contexto y por explicación expresa en otro lugar, cfr. nota 71– Revelación y Teología equivalentes, pues a ambas adjudica estar dedicadas a la piedad y la obediencia, y no, como acaso sería en otro contexto, y bien etimológico, la teología dedicada a un conocimiento de Dios. *Por otro lado*, en un resumen de la obra antepuesto al Prefacio (que no he encontrado en la vieja versión inglesa que también he manejado, a cargo de R.H.M. Elwes), Espinosa declara que el *TTP* «contiene varias disertaciones en las que se demuestra que la libertad de filosofar no sólo se puede conceder sin perjuicio para la piedad y para la paz del Estado, sino que no se la puede abolir sin suprimir con ella la paz del Estado e incluso la piedad» (*ídem*, pág. 46). Es decir, en tanto que la piedad aquí mencionada tiene que ver con la Revelación –algo sobre lo que Espinosa abundará a lo largo del *TTP*–, la filosofía en el fondo enseñaría lo mismo que aquélla; e incluso hasta podría adivinarse una superioridad de la filosofía, puesto que sin ella no hay ni puede haber piedad, sin que lo contario sea asimismo cierto. Podrían citarse numerosas instancias en que Espinosa iguala métodos y objetos de la Filosofía y la Revelación, por ejemplo cuando escribe que «el método de interpretación de la Escritura no difiere mucho del método de interpretación de la naturaleza, sino que concuerda plenamente con él» (pág. 137).

cia, y dado asimismo el trasfondo de la *Ética*, en donde predomina la razón natural y donde no se contempla algo así como una –o la– Revelación que pueda estar más allá de, o ser paralela a, ella, muchos comentaristas se han inclinado comprensiblemente por la interpretación de que Espinosa estaba planteando una especie de treta según la cual primero nos hace ver que Filosofía y Revelación son dos cosas distintas para así satisfacer, o no escandalizar excesivamente, a sus correligionarios o a su mundo socio-intelectual, para después subsumir la segunda en la primera, que habría sido su intención primigenia.

Esta interpretación, no obstante, adolece de serios inconvenientes. En primer lugar, habría que explicar por qué Espinosa recurre a un ardid como éste cuando el *TTP* tiene suficiente material demoledor de arraigadas creencias para causar un escándalo tan seguro como anticipable (¿por qué, si no, lo publicó anónimamente?), con o sin la inserción de semejante espejismo. No debe escapársenos que la propia separación entre Filosofía y Revelación como detentadoras de dos bases diferentes es en sí misma harto provocadora para el grueso del pensamiento metafísico, ya fuese cristiano, judío o islámico, puesto que implica que la filosofía puede alcanzar conclusiones de un modo independiente y de contenido diferente a la Revelación y que por tanto ambas podrían entrar en conflicto, partiendo en dos su unidad constitutiva. Ésta es, por supuesto, la idea de la 'doble verdad' atribuida tradicionalmente a Averroes, que Tomás de Aquino condenaría pero que irá ganando terreno más tarde con Duns Escoto y Guillermo de Ockham, que es quizás donde habría que localizar el fermento del pensamiento moderno como aspirante a la independencia de la razón antes de que ésta se aliase con el ateísmo. En segundo término, un truco de esa guisa no parece compatible con el estilo directo y claro con que se expresa Espinosa en toda ocasión, el cual no abalaría una contradicción tan manifiesta por algo que sólo tendría, al final, un nombre: pusilanimidad. Si lo pensamos bien, esta interpretación acusaría a Espinosa en el fondo no sólo de cobarde sino también de hipócrita, dado todo lo que expone en la *Ética*.

De este modo, aunque sea una vía más peligrosa y con total seguridad atestada de yerros e imprecisiones, hemos de ensayar otro camino interpretativo. Es tarea desarrollarlo en las próximas páginas, pero la idea sería, en suma, que, en tanto que Espinosa *sí* separa netamente Filosofía de Revelación, estaríamos ante una diferenciación *dimensional-polar* (en concreto, entre, por una parte, la objetividad deseable del método filosófico, que aspira ante todo a la verdad, representada no tanto por la dimensión objetiva –en términos buenianos, M_1– como por el lado de fuera en cualquiera de las dimensiones –en lenguaje bueniano, M_3–, y, por otra parte, la dimensión intersubjetiva, que aspira a un orden moral), mientras que, cuando indica que ambas cosas apuntan a lo mismo, Espinosa está comprendiendo, sin poder aún formularlo así, que existe una razón intersubjetiva tanto en eso que llamaba Revelación como en la razón natural, y que consecuentemente por ambos caminos se llega a las mismas conclusiones. Retornaremos a esta ambivalencia con respecto la razón intersubjetiva al final del presente capítulo. Esta propuesta podría asimismo ser una vía capaz de resolver conflictos aparentemente irresolubles sobre los que han corrido ríos de tinta y no pocas consecuencias políticas a lo largo del medioevo, pues el problema de fondo es el mismo.

Así, como decíamos, puesto que a la hora de interpretar la *TTP* es imposible no evocar el trasfondo de la *Ética*, parecería lógica una lectura según la cual Espinosa despreció –ya de un modo definitivo– la Revelación, siendo sus distinciones iniciales meramente apariencies, con el objeto de causar la impresión de que aún conservaba algo de aprecio por una cierta tradición. Lo que sucede, sin embargo, es que la metafísica –y aquí incluiríamos al propio Espinosa, pese a lo mucho que hizo por demolerla– no acertaba a diferenciar suficientemente las áreas (dimensiones) del ser y del conocimiento, lo cual conlleva que las impresiones de una se vuelcan inevitablemente sobre la otra.

La ambivalencia de la separación y la unidad entre Filosofía y Revelación tal como la encontramos en el *TTP* ha de explicarse por lo tanto de un modo que no incurra en la idea de que Espinosa no sabía lo que decía o que utilizaba ardides para evadir una censura que, por otro lado, en cierto modo, ni quería ni podía sortear. La única vía de respuesta a esta perplejidad inicial parece consistir en un análisis cuidadoso de qué quería significar Espinosa con Filosofía y, sobre todo, con Revelación. Toda vez que damos por sabido qué es la Revelación o qué suponía ésta para nuestro autor y, por consiguiente, que no examinemos su equivocidad o, más exactamente, su multivocidad, mediante las lentes de un sistema filosófico en principio capaz de contener sus diversos usos, no hay esperanza, a nuestro juicio, de llegar a buen puerto.

Por ello proponemos la tesis de que, si nos atenemos a los tres ejes acerca de los que hemos discurrido, la Revelación para Espinosa se refiere principalmente al modo en que, en una cierta tradición cuya singularidad acaso no se subraye nunca lo suficiente, se conformó un orden moral y político, es decir, intersubjetivo. Aunque no está del todo exento de este otro uso, la Revelación para Espinosa no es lo transcendente en cuanto tal y por ende aplicable a todas las dimensiones (sobre todo a la subjetiva e intersubjetiva), sino una normatividad moral que apunta a la piedad y la obediencia. En consecuencia no debe resultarnos chocante que, en un momento avanzado de su exposición, Espinosa nos descubra que lo que se dio como Revelación en la mencionada tradición –la bíblica– pueda ser también recuperado a través de la razón natural y la experiencia histórica.

Ahora bien –y esto es lo decisivo–, la diferenciación entre Filosofía y Revelación ha de conservarse y Espinosa no se desdiría de ella porque la ambición última de esta obra suya –aunque también inscrita en la *Ética*– es deslindar por completo la libertad de pensamiento, por la que aboga con fervor, de la obediencia al orden moral y político, que también suscribe sin reservas. Ésta sería también presumiblemente la razón por la que Espinosa interrumpe su composición de la *Ética* para escribir el *TTP*, pues querría dejar claro que él desea una libertad intelectual completa en el compartir de ideas, pero, en cambio, y sin contradicción alguna, una sujeción a un orden político determinado para la preservación de la paz y la concordia.

Por decirlo de otra manera: la supuesta unidad del sistema de la naturaleza esbozado en la *Ética* –que, como hemos visto en los capítulos anteriores, tampoco es exactamente tal, pues en él habitan tanto el pluralismo como modos de transcendencia ocultos– *no se contradice sino que de hecho exige* la separación entre Filosofía y Revelación, en tanto que esta última se refiere principalmente a la configuración de un orden moral y político –en la elaboración de cuyos detalles desde luego Espinosa causaría gran escándalo porque adopta un método hermenéutico histórico y desmitificador– al que hay que acomodarse sin fisuras (en esto la posición de Espinosa es muy parecida a la de San Pablo y la Iglesia), y en tanto que la primera alude a una elaboración teórica y eidética que debe morar en la más absoluta libertad para expresar lo que cada cual quiera sin temer consecuencias políticas de ninguna clase.

Mas que Espinosa alcanzase una razón intersubjetiva mediante el estudio de las Sagradas Escrituras –pese a su reconocimiento expreso de no conocer, en el fondo, cómo emergió[70]–, es decir, que registrase un orden moral que supone imperiosamente obediencia, no se riñe con que haga lo propio con otros medios o fuentes históricas[71]. El Capítulo XIX del *TTP* es muy claro al respecto: «No reconozco diferencia alguna entre los casos en que Dios enseña y manda la práctica de la justicia y la caridad mediante nuestras facultades naturales y otros casos en que realiza revelaciones especiales; ni es la forma de la revelación importante siempre que la práctica sea revelada y se sancione como ley suprema y soberana para todos los hombres» (pág. 246, ed. de Elwes; nuestra traducción). Es decir, la Revelación y la razón natural llegan a la misma conclusión *intersubjetiva*, a sa-

---

[70] «Contesto que he establecido absolutamente que esta base de la teología no puede ser investigada por la luz natural de la razón, o, en todo caso, que nadie nunca la ha probado con esos medios y que, por lo tanto, la revelación era necesaria» (Capítulo XV, pág. 196 de la edición inglesa). Justo antes había declarado que «por teología aquí quiero decir, rigurosamente, revelación», que aun antes había sido asignada a las Escrituras (Capítulo XV, pág. 196 ed. cit.).

[71] Se me ocurre que la Revelación y la razón natural, tal como entiende ambas Espinosa, son algo así como métodos de investigación de verdades intersubjetivas análogas, respectivamente, a la interpretación de sueños y la conversación o asociación de ideas en el psicoanálisis para la detección de psicopatologías: el primer método tiene un fondo ignoto y su territorio desborda el conocimiento típico de la vigilia, donde hay que presumir ignorancia de unos orígenes que todo lo más podrían ser tanteados, mientras que el segundo, perteneciente a la consciencia ordinaria, parece –sin serlo en realidad– más claro. De este modo, al abrirse de este modo a la Revelación, reconociendo que no comprende cómo ha podido llegar a ser, Espinosa se nos muestra como mucho más sabio de lo que el racionalismo al uso le concede.

ber, que es preciso convivir con justicia y caridad—lo cual es diferente de aquella otra distinción según la cual la Filosofía no se refiere a la intersubjetividad sino –en nuestros términos– al lado de fuera reflexivo o lo que otros llamarían acaso –aunque confusamente– objetividad (menos confusamente M_3 en el materialismo filosófico de Bueno, pero todavía sin acusar recibo de la intersubjetividad como dimensión independiente).

A nuestro modo de ver, aquí radicaría la causa por la que en un sentido Espinosa separa y en otro sentido funde Filosofía y Revelación, descartando cavilar acerca de trucos de prestidigitación o tretas similares para explicar la ambivalencia. No obstante lo cual, es preciso agregar que Espinosa sí se contradice en que en cierto momento del *TTP* establece que a los mandamientos de la Escritura sólo podía llegarse por Revelación mientras que en otros lugares indica que acaso también podría hacerse por una vía natural. Como dijimos, esta cuestión será abordada más adelante.

Antes quisiéramos abundar en algunos aspectos de lo contenido en el rótulo 'Revelación' en este texto. En un primer momento, habría que desligar 'Sagradas Escrituras' de 'Revelación'. El propio Espinosa contribuye a esta desvinculación cuando examina críticamente aquéllas y determina hasta qué punto sus contenidos son (o no) racionales, pues este paso constituye ya una hendidura –terrible y mortal, habría que añadir– en la noción metafísica cristiana –y también judía o mahometana, incluso aún más en estas últimas, pues en ellas las Escrituras son Palabra revelada directa, inamovible y definitiva de Dios, mientras que en el cristianismo son solo espiritualmente inspiradas, en principio otorgando espacio a otras inspiraciones– de que hay una serie de contenidos intocables, allende la crítica o cualquier actividad de la inteligencia humana. Gracias a empeños de discernimiento de las Escrituras como el de Espinosa, se va allanando la distinción entre la revelación propiamente dicha –que para nosotros sería la vía de descenso de lo transcendente a lo inmanente, en todo instante y en cualquier dimensión de la existencia, así como en cualquier estadio del ser o del conocimiento (siendo la fe la vía paralela de ascenso)– y el *mythos* de la revelación, es decir, el modo en que, en cierto momento y lugar histórico, fue conformada[72].

Dado que lo transcendente –en todo momento, dimensión o estadio– no está, en cuanto tal, divisado por Espinosa, o, por mejor decir, en tanto que la situación metafísica no está completamente transcendida, con una diferenciación consciente a escala filosófica entre las dimensiones y los estadios, termina fusionándolo con lo inmanente (lo cual sucede también con la *auctoritas* y la *potestas*). Espinosa no advirtió que el *mythos* de la revelación tal como aparece en las Sagradas Escrituras es único en que lo transcendente jamás se subsume en ninguna suerte de inmanencia. Independientemente de la cuestión de la singularidad del pueblo judío como depósito exclusivo de la revelación, que Espinosa impugnará con razones filosóficas de peso –a saber, que una revelación ha de ser universal, católica, para todos, o no es digna de tal nombre–, un lugar decisivo de esta discusión radica en si podemos discernir la eterna transcendencia de lo transcendente. La relación entre el *mythos* de la revelación y el *logos* –que también, por cierto, podría ser un *logos* de la revelación sin que sea metafísico, es decir, mezclado con contenidos míticos– es más compleja que una mera contraposición dual: el estatus metafísico de intocable de que gozaban las Sagradas Escrituras es, sí, derruido bajo la luz de la razón, pero con ello no caería ni lo transcendente –o la 'revelación' en cuanto tal– ni el que ésta pueda volver a tomar una forma mítica inspiradora, que desde luego sería susceptible de ser sometida a examen racional, pero que, por otro lado, insinuaría una zona espiritual o transpersonal que, en efecto, determinado tipo de racionalidad no atisba: lo cual es precisamente *una de las razones* por las

---

[72] Lo que llamo el *mythos* de la revelación es por supuesto, ante todo, la Biblia, que contiene, como vio Northorp Frye, todo un ciclo revelatorio que va desde la Creación hasta la pura disolución de todo nuevamente en Dios. Pero, aunque las Sagradas Escrituras sean el paradigma, no significa –como percibió William Blake– que no puedan producirse otros mitos bajo el mismo signo, siendo por ello la Biblia –de nuevo Blake– «el gran código del arte». Cfr. Northorp Frye, *The Great Code: The Bible and Literature*.

cuales se expresó de este otro modo mítico (que es como decir: por las que el arte no puede ser sustituido por la filosofía[73]).

En este sentido, la discusión de la relación entre filosofía y revelación en Espinosa que lleva a cabo Gabriel Albiac en *La Sinagoga Vacía* no acaba de convencernos. En el capítulo 3.2.2 Albiac comenta: «La Escritura no posee, en efecto, para Espinosa, como sí poseyera para el maestro medieval [refiriéndose a Maimónides[74]], virtudes o contenidos filosóficos ocultos. El lenguaje que ella habla no es metafísico, sino simplemente metafórico e imaginativo. No hay hilo de continuidad alguno entre Filosofía y Revelación» (pág. 230, ed. cit.). Pero, como hemos visto, no sólo sí hay continuidad entre ambas en la medida en que la Revelación para Espinosa son las enseñanzas de la Sagrada Escritura acerca de la configuración de un orden moral correcto, que no reprueba en absoluto[75], y que establece también me-

---

[73] Desde luego tampoco lo contrario, que sería parcela del programa derridiano.

[74] Hace años, leyendo la *Guía de Perplejos* de Moisés Maimónides tuve la vívida sensación de reconocer en ella a la *Ética* de Espinosa. En este repaso más detenido de su obra he tenido la oportunidad de comprobar que, en efecto, Espinosa conocía muy bien la obra de su ancestro sefardita (así lo constata Albiac, por ejemplo, en *La Sinagoga Vacía*, pág. 230): «El autor del *TTP* es buen conocedor de la *Guía de Perplejos*»), hasta el punto de que, como observamos, le cita y comenta expresamente, cosa que hace en muy pocas ocasiones con otros autores.

[75] «Antes de proseguir, querría dejar sentado (aunque ya lo hemos hecho anteriormente) que considero la utilidad y la necesidad de la Sagrada Escritura o de la Revelación enorme. Puesto que no podemos percibir mediante la luz natural de la razón que la simple obediencia es el camino de la salvación, y somos enseñados mediante la sola revelación que es así por la gracia especial de Dios, que nuestra razón no puede alcanzar, se sigue que la Biblia ha traído una gran consolación a la humanidad» (Capítulo XV, pág. 199, ed. cit. inglesa). Tras un pasaje como éste, los que piensan que Espinosa no tenía en consideración la Revelación y que pretendía desde el principio subsumirla en la filosofía han de pensar necesariamente que era también un ironista consumado, algo que, a mi parecer, no le deja en buen lugar.

diante la razón natural[76], sino que la crítica de Espinosa a Maimónides es solamente una cara de la moneda, porque la idea de que la Escritura habla por sí misma y de que no en ella hay sentido oculto[77] es hermenéuticamente insostenible: siempre hay interpretación y siempre desde unas coordenadas determinadas (que no tienen por qué ser, es verdad, las metafísicas, pero que en todo caso entrañarían un 'sentido oculto').

Albiac escribe algo después: «Queda claro qué sentido puede tener, a partir de ahí [se refiere a un fragmento de la *Ética* citado anteriormente], hablar de 'elección divina': una simple metáfora para referirnos a la necesidad natural que rige los acontecimientos todos. Todo es, en este sentido impropio, 'elección divina' –o, lo que es lo mismo, nada la es–» (pág. 236). Ésta se diría que es una de las versiones de la simulación espinosiana de que la Revelación tiene base propia cuando a fin de cuentas es reducible a la causalidad natural. Pero si Albiac está aquí en lo cierto entonces quedarían por aclarar al menos dos extremos: qué significa que algo «es una simple metáfora», y por tanto qué juego oculto hay entre lo metafórico y lo prosaico y cómo se traduce de lo uno a lo otro, si es que en verdad se puede; y qué sucede entonces con la excepción, es decir, con eso que, por más que nos empeñemos, no se desprende con la facilidad que se desearía de «una necesidad natural que rige los acontecimientos todos», y que sólo podría mentarse así a toro pasado, desde luego jamás en ese momento limítrofe que es el presente abocado a un futuro incierto. Es decir, no sólo habría que tantear la idea de que lo transcendente es inasumible para el pensamiento, sino también que, en cierto modo, persiste una diferencia entre *mythos* y *logos* que aboca a traducciones mutuas en uno y otro sentido, y así a un cierto «hilo de continuidad» que, por lo demás, tampoco desdice su natural discontinuidad: algo así como que una vía constituye la promesa de un salto que sólo se percibe desde la otra. Por cierto que no podríamos olvi-

---

[76] El Capítulo XII en concreto formula claramente que la interpretación bíblica es racional y necesita de la razón, puesto que de otro modo se caería en la superstición.

[77] Es en el Capítulo VII donde Espinosa trata esta cuestión con respecto a Maimónides.

darnos tampoco de escarbar en lo que Espinosa, en la *Ética*, designó como tercer tipo de conocimiento, donde la determinación de las causas naturales concretas se desvanece en un género de aprehensión que captura el todo de golpe y que por ello sería muy susceptible de expresión mítica, es decir, con un 'lenguaje oculto' o simbólico[78], típico del mito.

El mito de la revelación se le habría ocultado a Espinosa porque para él la Revelación no era *mythos* sino pura doctrina moral derivable de hechos y causas históricas, es decir, perteneciente al dominio intersubjetivo y nunca aplicable evocativamente al espectro completo del Ser y de la Historia. En este sentido, la exégesis en clave política llevada a cabo en el Capítulo XVII del *TTP* es un hito en la historia del pensamiento por el modo en que se desmarca del cuadro metafísico, explorando el texto bíblico con metodología lógico-histórica (sin por ello, empero, dejar de ver su contenido espiritual o reconocer que el origen de la Revelación es incomprensible). Hablar de mito de la revelación se hace posible solo tras una escisión entre *mythos* y *logos* que, pese a sus portentosos avances lógicos, la metafísica no logra y que sólo se consigue cuando el *logos* puede operar con plena libertad y sin intromisiones.

Ni que decir tiene que Albiac está cargado de razones cuando despacha una ingente cantidad de comentarios acerca de Espinosa y en especial del *TTP* que atribuyen el problema a su deyección del judaísmo, y pone el dedo en la verdadera llaga, que es mucho más universal: la –supuesta, para nosotros– «ilusión teleológica» (pág. 238), que ya hemos tratado. Es decir, la llaga de cómo el examen racional de causas arroja por la borda imaginaciones empujadas por un deseo hasta ahora inconsciente, y cómo, en este sentido, la libertad no consiste en perseguir tal deseo hasta las últimas consecuencias, sino en reconocerlo como tal y en comprender su causa: la insatisfacción (*dukkha*) en el budismo y el miedo en Espinosa, que pronto transmuta en esperanza.

---

[78] Para unas notas sumarias pero acaso aclaratorias de lo que significamos con 'símbolo', que siguen de cerca a Eugenio Trías, cfr. *Filosofía y Revelación*, II, 2.

Es esta aproximación –seguramente la razón por la que a esta filosofía se la apellida de 'materialista'–, aplicada a la crítica bíblica, la que propició aquel resquebrajamiento, ya sin reparación posible, de la unidad metafísica, pues la consideración de la Escritura como pináculo intangible era la clave de bóveda del edificio metafísico medieval, ya fuese cristiano, judío o islámico. El examen de causas naturales aplicado a la Biblia, o al Corán, o a cualquier texto considerado sagrado, que hasta entonces parecía haber estado *off limits*, fue el primer paso, y definitivo, hacia la erosión de un entendimiento según el cual la teología puede sostenerse por sí misma, influyendo, instigando y coaccionando el quehacer filosófico. Se abrió así un abismo entre quienes todavía querían sostener la vieja posición metafísica y los que ahora se lanzaban –al comienzo, sin duda, arriesgando mucho– a desmontarla. Precipicio que no hizo sino incrementar con el tiempo, con consecuencias sociales y políticas de todos conocidas. En realidad, de unos siglos a esta parte no parece que haya asunto más importante que éste, que en alguna ocasión se ha denominado –turbiamente o no, discusión que ocupa largo y tendido a Hans Blumenberg– de la 'secularización'. Pero si la metafísica –que, pese a su creciente desguace y derribo, aún poseía aspectos irrenunciables pero desdeñados por el naturalismo[79]– quiso aferrarse a sus viejas raíces, la reacción racionalista se abalanzará sobre un nuevo tipo de dogmatismo, como por ejemplo cuando Lodewijk Meyer,

---

[79] El principal aspecto valioso de la metafísica, ya mencionado, es que, al poseer un sentido vertical y escalonado de la existencia, comprendía mucho mejor que casi toda la modernidad el dominio transpersonal. La tentación –típica en la psicología de Freud, que sigue estos pasos– es precipitar todo lo transpersonal en lo prepersonal, es decir, todo lo espiritual en la fosa de los deseos imaginarios inconscientes aún no pasados por el tamiz de la razón, lo cual resulta desastroso para una comprensión de lo que sucede verdaderamente. La malinterpretación por parte de Freud ya aludida en un capítulo anterior acerca del 'sentimiento oceánico' de Rolland es un ejemplo clásico. No obstante, no todas las reacciones 'transpersonales' contra esta dislocación son beneficiosas o certeras, como sucede por ejemplo con Jung, quien tendería a hacer lo opuesto: el material prepersonal quiere hacerse pasar por transpersonal. Puestos en esta tesitura, uno casi prefiere quedarse con lo primero.

siguiendo los pasos exegéticos de Espinosa, declaraba la historiografía y la filosofía no ya sólo como el único arma hermenéutica para descifrar los significados bíblicos sino como un arma «infalible»[80].

Para Espinosa, entonces, la Revelación no es lo transcendente. 'Revelación' para Espinosa alude principalmente al modo intersubjetivo en que, en un momento histórico y un pueblo dado, se conforman una serie de leyes (morales, políticas y de derecho) para el funcionamiento cabal de una sociedad, que exigen obediencia en el comportamiento. La Revelación procura obediencia y piedad, ora como manifestación moral de origen ignoto, ora como algo tan racional como necesario desde un punto de vista político. Por nuestra parte creemos más conveniente aplicar el término Revelación a lo transcendente en cuanto tal y, en consecuencia, al lado de dentro de todos los estadios y en todas las dimensiones, sin restringirlo, como hace Espinosa, a la dimensión intersubjetiva y a aquellos estadios de la intersubjetividad que son constitutivos de un orden político, social y jurisprudencial sólido, es decir, a los primeros y más fundamentales (prepersonales, no transpersonales). Al estar la Revelación restringida a este rango se comprende mejor la fluctuación de lo racional con respecto a él, pues el examen causal tan sólo puede lanzar conjeturas bastante atrevidas con respecto a lo más remoto en el tiempo o la cadena causal, como esos primeros movimientos de las comunidades propiamente humanas, e incluso de aquellas que ya se acercan a lo histórico. Espinosa no sólo circunscribe la Revelación a esta franja originaria en la dimensión intersubjetiva, sino que hace lo mismo con la Teología, que viene a ser un sinónimo suyo: «La esfera de la razón es, como hemos dicho, la verdad y la sabiduría; la esfera de la teología es la piedad y la obediencia» (Capítulo XV, pág. 194 de la traducción de Elwes).

De todos modos, el uso del término Revelación por parte de Espinosa no es unívoco. Espinosa habla en ocasiones de revelaciones, en plural y en minúscula, para referirse a aquel modo inmediato de visión que después en la *Ética* catalogará como un tercer tipo de conocimiento acaso superior pero en todo caso diferente del segundo tipo,

---

[80] Cfr. Jonathan Israel, *Radical Enlightenment Philosophy and the Making of Modernity*, cap. 24, pág. 449.

el causal-racional. Es el caso, por ejemplo, de cuando escribe que «Dios hizo revelaciones a la humanidad a través de Cristo», distinguiendo esas revelaciones crísticas de las otorgadas a los profetas, quienes se vieron abocados a promulgar leyes, mientras que Cristo «debió tener una percepción clara y adecuada, puesto que no era tanto un profeta sino el portavoz de Dios» (Capítulo IV, pág. 64, ed. cit.). Es decir, estas revelaciones, que son una percepción directa de lo divino –y que por lo tanto se corresponderían con los dominios transracionales subjetivos– son muy distintas de aquello que Espinosa llamaba Revelación para designar el orden político del pueblo judío tal como es presentado en la Biblia.

Lo que se dice del término Revelación también podría decirse incluso de 'obediencia' y 'piedad', pues estos términos, que en el discurso espinosiano se dirigen inequívocamente a la conformación de la intersubjetividad de un pueblo, podrían ser también aplicados a los dominios transpersonales subjetivos, como sucede en la literatura religiosa y mística. La confusión es prácticamente segura toda vez que nos movemos en la univocidad, como si los múltiples sentidos de cierto término tuviesen que encajar en un único molde, y, como lectores e intérpretes, la malinterpretación es asimismo cierta si no poseemos un mapa capaz de dar cabida a las distintas posibilidades (amén de que, en el caso de lo transpersonal, se requiere una experiencia de primera mano, pues de lo contrario se aplicará el término a otro dominio que resulte más conocido).

Sea como fuere, lo transcendente no puede entenderse a nuestro juicio como una instancia ontológica suprema en una escala de creciente altitud, como hace la metafísica, en cuyo caso la racionalidad y el examen de causas concretas tendría que entrar a saco para desustancializar y aterrizar tales otorgamientos, sino como un lado (de dentro) en perpetua alternancia con otro (de fuera) que se encarga, por decirlo así, de reflejar y reflexionar lo allí manifestado o, propiamente, revelado, pues no era algo que pudiese anticiparse en absoluto sino más bien algo con lo que uno, directamente, se topa.

Éstas serían, aproximadamente, las condiciones en que se mueve el tratamiento de la relación entre Revelación y Filosofía en Espinosa, y son la razón por la cual en el Proemio de mi escrito *Filosofía y Revelación* tildé las observaciones espinosianas al respecto de insatisfactorias, lo cual no significa ni mucho menos que carezcan de lucidez o fertilidad, sobre todo en cómo desmonta aquel estrato supuestamente intocable que la metafísica atribuía a una aglutinación de mitos, razones y dogmas de la que se desprendían, en perfecta solución de continuidad, verdades subjetivas, intersubjetivas e incluso objetivas de todo tipo. El tratamiento de la Revelación espinosiano es no solo inmensamente rico y sobrado de inteligencia sino asombrosamente puntero, señalando un camino exegético que, en el fondo, no ha sido perseguido programáticamente hasta hace bien poco y que aún topa con resistencias, fundamentalmente porque los que así reaccionan piensan que interfiere con la fe. Personalmente no encuentro razón o forma en la que el *logos* que apunta a la verdad histórica pueda entorpecer la fe –que es el movimiento inverso a la revelación, de lo inmanente a lo transcendente–, y cabe sospechar que lo que aquí sucede no es tanto una intromisión inadecuada del *logos* en el terreno de la fe sino una incursión crítica en el dominio metafísico, allí donde ciertos rescoldos míticos continúan gozando del estatus de intangibilidad, cuando lo intangible es solo lo transcendente en cuanto tal y no la creencia local en que anidó en determinada coyuntura histórica.

Recojamos entonces algunos hilos antecedentes y avancemos finalmente hacia la cuestión de la razón intersubjetiva.

En el tratamiento espinosiano de la Revelación asistimos a un baile muy fluido entre lo subjetivo e intersubjetivo. Es decir, aunque puede certificarse su dirección (o *foco*) moral y política –como el propio nombre del tratado indica–, a saber, intersubjetiva, el modo de acercarse a ella (el *enfoque*) se columpia entre la subjetividad y la intersubjetividad, lo que a este respecto le dispensa un –exquisito, por lo demás– resabio metafísico. Paradigma subjetivo e intersubjetivo no están completamente diferenciados—ni en principio tampoco tendrían por qué estarlo, pues las dimensiones se influyen mutuamente, sin que sea siempre posible establecer una dirección causal precisa en esta interdimensionalidad esencial. Mas, puesto que la aproximación de Espinosa es más que escrupulosa con los textos bíblicos – jamás salta a conclusiones que no estén garantizadas por una lectura seria y sensible–, se ve obligado a ceñirse a la idea de que determinados sujetos personales son los causantes y portadores de las leyes, desatendiendo a procesos colectivos o intersubjetivos de formación de normas.

Qué entendía Espinosa por Revelación está determinado por otros términos íntimamente ligados, como 'espíritu' o 'profecía'. Espinosa examina las Sagradas Escrituras con sumo cuidado para ir detectando varios usos de éstos, conviniendo al fin en que «los profetas percibieron las revelaciones de Dios con la ayuda de la imaginación», señalando que, de este modo, «percibían indiscutiblemente cosas que están más allá del límite de la razón, puesto que pueden construirse muchas más ideas con palabras y figuras que con principios y nociones que parten de todo un tejido de conocimiento razonado» (Capítulo I, pág. 25, ed. cit.)[81]. Resulta difícil encontrar, tanto en un autor pretérito como uno contemporáneo, una declaración tan diamantina acerca de cómo el mito (la imaginación) puede ser transracional y cómo lo transracional se expresa más aptamente mediante la imaginación que mediante la razón. A partir de aquí Espinosa se propone una investigación acerca de cómo habrían podido alcanzar los profetas tales verdades si no seguían leyes racionales seguras, lo cual tal vez apunte a un tipo de aquiescencia transracional, si bien no es posible decidirlo con seguridad porque tal vez lo que esté en funcionamiento sea más bien una incursión hacia los estadios pre-racionales y fundacionales de un colectivo, que, dadas su penumbra así como su majestad, tenía que recurrir a determinadas figuras míticas como los profetas.

Es decir, el reconocimiento de que no es, en realidad, posible saber en qué consiste la Revelación puede ser debido a dos causas distintas (que Espinosa no distingue, y que por lo demás podrían ser complementarias o no mutuamente excluyentes): *o bien* porque determinados sujetos se elevan a estadios transracionales desde los cuales puede admirarse con mayor claridad qué es lo más deseable para la conducción de un pueblo o un colectivo, allí donde el proceso de cómo

---

[81] Así también nos dice que «todos los argumentos utilizados por Moisés en el Pentateuco han de ser entendidos de un modo similar; no están sacados del depósito de la razón sino que son meramente modos de expresión calculados para instilar eficazmente y presentar vivamente a la imaginación, los mandamientos de Dios» (pág. 159, ed. cit.).

se produce la elevación no es fácilmente traducible a términos racionales aunque sí míticos o imaginativos; *o bien* tal proceso no es uno de ascenso subjetivo sino de exploración en la noche de tiempos pretéritos en que se fueron formando vínculos, hábitos y tradiciones de un colectivo concreto hasta alcanzar un estatus normativo sólido que ya, como poco, toca el *logos*, por más que su desarrollo permanezca tan tenebroso y su dilucidación tan tentativa que sólo pueda presentarse míticamente, a saber, como la iluminación de un héroe (o varios). Por nuestra parte, no se trata tanto de que Espinosa no distinga entre las dos causas sino de que, en cierto modo, la segunda ni se le ocurre, y es a esto a lo que nos referimos como razón intersubjetiva[82].

Según Espinosa, dado que la imaginación de los profetas es «pasajera e inconstante», el poder profético (las revelaciones) «no permanecía con ellos durante largo tiempo ni se manifestaba con demasiada frecuencia» (final del Capítulo I). Es evidente, por tanto, que la aproximación espinosiana es eminentemente subjetiva. No se le ocurre pensar que las leyes y después las profecías pudiesen ser conquistas principalmente colectivas que en determinado momento encuentran un portavoz singular, y que en otras incluso podrían ser así construidas míticamente *a posteriori*. Desde luego, el destino de la profecía es intersubjetivo, pues aspira a establecer normas de convivencia. Es ésta la razón por la que no podemos descartar que lo que los profetas prorrumpían imaginativamente era el mero exponente de una conclusión intersubjetiva: los profetas «percibían la mente o el pensamiento de Dios, pues hemos mostrado que el Espíritu de Dios significa, en hebreo, Su mente o pensamiento, y que la ley que manifiesta Su mente y pensamiento es su Espíritu; de tal modo que la imaginación de los profetas, en tanto que a través de ella eran revelados los decretos divinos, también puede ser denominada la mente de Dios, y decirse de los profetas que poseían la mente de Dios». Aquí se presenta un sentido de 'la mente de Dios' que no es tanto el de una vivencia transpersonal, sino de una traducción, mediante la metáfora y la imaginación, de leyes y decretos para un colectivo, aunque como

---

[82] Si ello constituye 'no ser suficientemente materialista', por lo menos a los ojos actuales, se lo dejamos a los amantes de las etiquetas.

decimos lo primero no sólo no puede excluirse sino que es también lo más probable.

En todo caso, el método (o enfoque) que sigue Espinosa no es intersubjetivo. Algo así requeriría una racionalidad construida comunicativamente que no permite que el peso principal recaiga sobre figuras subjetivas, que aparecerían ahora más bien como remanentes de una presentación mítica, muy posiblemente con trazos de verdad histórica pero en una proporción que ya nos es imposible determinar. Y casi se diría que tampoco importa, puesto que hoy sí sabemos hasta qué punto las cuatro dimensiones (subjetiva, intersubjetiva, objetiva e interobjetiva) son decisivas en la determinación de cualquier acontecimiento.

El Capítulo XI va sacándonos de dudas con respecto al sentido de la Revelación de los profetas como baluarte de una normativa para un pueblo más que de experiencia mística personal, pues en él Espinosa muestra la diferencia que existe entre profetas y apóstoles, allí donde los primeros hablan bajo mandato divino y los segundos hablan de acuerdo con su opinión. Es decir, en el caso de los apóstoles el elemento subjetivo es mucho más enfático: «Los Apóstoles razonan en todas partes como si argumentasen más que profetizando; las profecías, por su parte, contienen sólo dogmas y mandamientos» (pág. 158). Por lo que rubrica Espinosa al principio del capítulo, advertimos que 'Revelación' es atribuido a los profetas en cuanto que expresan mandato, mientras que los apóstoles hablan como individuos singulares y maestros, cada cual con su método personal.

Suponemos que para pavor de sus correligionarios, más adelante Espinosa abunda en la diferencia destacando que «los profetas no era llamados a predicar y profetizar a todas las naciones, sino a algunas específicas (…) y los Apóstoles a absolutamente todos los hombres» (pág. 160), lo cual indicaría hasta qué punto los profetas tenían como meta el establecimiento de un *nomos* para un pueblo concreto y no la búsqueda de una interioridad, como será claramente el caso de Pablo, que evidentemente estaría vinculada a un trato interpersonal y a una moral: «La religión, tal como era predicada por los apóstoles, no pertenece a la esfera de la razón, pero su esencia, que es eminentemente moral, como toda la doctrina de Cristo, puede ser fácilmente aprehendida por las facultades naturales de todo el mundo».

Resulta así algo paradójico que los profetas aparezcan como figuras individuales más potentes pese a que su razón de fondo sea mucho más predominantemente intersubjetiva, mientras que los apóstoles, que seguían más su inspiración individual, fueron más proclives a la vida en comunidad, de donde nació la Iglesia. Mas tal vez lo que se presenta como paradójico es el resultado de una distorsión mítica, o sea, del magnetismo de la heroización como fuente de sabiduría. Lo más importante a subrayar, empero, es que si Espinosa no detectó algo así como una razón natural en las Sagradas Escrituras es porque no partía de un análisis propiamente intersubjetivo, localizando 'lo racional' más bien en una sistematización filosófica a partir de principios seguros como la que lleva a cabo en la *Ética*, es decir, en una reflexión (lado de fuera) de todas las dimensiones tal como estaban dispuestas en su tiempo.

Al comienzo del Capítulo XII Espinosa muestra cómo la admonición de que la palabra eterna de Dios está inscrita en los corazones de los hombres –que utiliza como confrontación contra quienes sostienen la sacralidad intocable de las palabras literales en las Escrituras– tiene una simiente intersubjetiva, es decir, que son leyes divinas en tanto que colectivas y ancestrales, acaso no racionales en el sentido sistemático pero sí cabales y desde luego imperiosamente necesarias. Así, pues, no se trataría tanto de que no acierte a ver lo transracional, sino, curiosamente, la racionalidad propiamente intersubjetiva; o, por mejor decir, que uno puede adoptar un enfoque intersubjetivo sobre una materia intersubjetiva (u otras). Que Espinosa acertó a demarcar el terreno de lo intersubjetivo como distinto del territorio objetivo e incluso a percibir lo transracional en lo intersubjetivo se manifiesta en el Capítulo XIII, cuando diserta que «como la obediencia a Dios consiste solamente en el amor a nuestro vecino – puesto que quien ame a su vecino como medio de amar a Dios ha consumado la ley, como decía San Pablo en Rom. 13:8– se sigue que no hay otro conocimiento en la Biblia que el que es preciso para habilitar a todos los hombres a obedecer a Dios de esta manera, sin la que tornarían rebeldes o sin la disciplina de la obediencia. Otras cuestiones especulativas que no tengan relación directa con este objeto o que conciernen al conocimiento de acontecimientos naturales, no afectan a la Escritura y deben ser separadas enteramente de la religión» (pág. 176).

Así, pues, retornamos al punto de partida en que establecimos que para Espinosa lo más importante es diferenciar entre libertad de pensamiento y obediencia a las leyes en la acción; entre la investigación filosófica o científica por un lado y la acomodación al poder por otro; o sea, entre el lado de fuera en cualquiera de las dimensiones –o la dimensión objetiva– y la dimensión intersubjetiva (que son, esencialmente, para Espinosa, Filosofía y Revelación). Pero, del mismo modo que su método no partía de una razón o enfoque intersubjetivo aplicable a todos los casos, incluida la Biblia y a los hebreos, sino que dejaba espacio a una Revelación que en principio no se sabe de dónde proviene y a una narrativa basada en el papel de figuras singulares como Moisés o los profetas, a la hora de tratar el poder político Espinosa subjetiviza lo intersubjetivo en el soberano. Esta condensación en una figura –ya sea monárquica, aristocrática o democrática– tiene el efecto de desbaratar, suspender o prescindir de la autoridad, pese a haber reconocido (Cap. XVII) el papel vital que tuvo la separación entre la *auctoritas* y la *potestas* –los términos son nuestros pero la idea es esa– en la primera comunidad judía, con Moisés, Aarón y Josué, por no hablar de la constante confrontación de los profetas con el poder. La distinción entre la esfera objetiva y la intersubjetiva, o entre la filosofía y la religión –imposible de ignorar e imposible de todo punto de ser unificada en un solo sistema, como si lo segundo no existiese, cosa que jamás quiso hacer Espinosa– es justamente la que le permite desarrollar una teoría política, primero en el *Tratado Teológico-Político* a partir del Capítulo XVI y después en el tristemente inacabado *Tratado Político*. Pensar con libertad acerca de todas las cosas y vivir en paz y concordia son los ideales primordiales de Espinosa, pero plantearlos como tales requería una operación quirúrgica –una diferenciación entre dimensiones– que estaba llamada ser incomprendida en su tiempo e incluso todavía hoy.

La distinción entre ambas apenas podría ser más clara para Espinosa: «De modo que podemos alcanzar la conclusión general de que un conocimiento intelectual de Dios, que conoce Su naturaleza como es y que no puede de ninguna manera vital ser imitada por la humanidad o seguida como ejemplo, no tiene nada que ver con las reglas de conducta, con la fe o con la religión revelada. En consecuencia, los hombres podría estar completamente en el error en esta materia sin incurrir en pecado» (Capítulo XIII, pág. 180). Y algo más adelante es todavía más radical: «Si un hombre, creyendo lo que es verdad, se rebela, su credo es impío; si creyendo lo que es falso se hace obediente, su credo es pío» (pág. 181)[83].

Desde el punto de vista moral, es necesario que Dios esté lleno de contenido y sea a imagen y semejanza humana, siendo lo más esencial que debemos saber de Él su justicia y su amor, para que pueda ser imitado. Aquí la ciencia o el 'conocimiento intelectual de Dios' – a no confundir con 'el amor intelectual de Dios' en la *Ética*– resulta irrisorio: lo que importa es la obediencia y la adecuación a la norma común, que es la característica central de la intersubjetividad. Por ello, si Revelación –o fe, o teología– alude, como hemos establecido, al establecimiento de esta normativa común, «entre fe o teología y filosofía no hay conexión ni afinidad. Creo que nadie que tenga conocimiento de la meta y fundamentos de ambos disputará el hecho de que están tan separados como los polos. La filosofía no tiene otro fin que la verdad; la fe, como hemos probado en abundancia, no busca sino la obediencia y la piedad. De nuevo, la filosofía está basada en axiomas que han de ser buscados solo en la naturaleza; la fe está basada en la historia y el lenguaje, y debe ser buscado solo en las Escritura y la revelación, como enseñamos en el Capítulo VII» (Capítulo XIV, pág. 189). Anotamos de paso que Espinosa habla aquí ciertamente de los inevitables fines, es decir, de alguna suerte de teleología o en cierto camino de búsqueda en cada una de las dimensiones.

---

[83] La distinción entre ambas dimensiones es clarísima y tiene como núcleo la intersubjetiva, pues en otro lugar se ve cómo Espinosa también quiere separar la necesidad de una obediencia intersubjetiva, y así del respeto por la ley, de la subjetividad, por muy buenas intenciones que ésta tenga: «Por ejemplo, cuando mi prójimo se enfrenta conmigo y desea llevarse mi túnica, en abstracto es mi deber que le dé también mi abrigo [hasta aquí la subjetividad]; pero si se piensa que semejante conducta es maligna para el mantenimiento del orden público, es mi deber llevarlo ante los tribunales incluso bajo riesgo de que sea condenado a muerte» (Capítulo XIX, pág. 248).

Podríamos continuar citando a Espinosa en su absolutamente transparente separación entre estas dos esferas, pero valga quizá este último pasaje, perteneciente también a esos capítulos bisagra entre la parte más dedicada a la 'teología' y la ocupada de la 'política'. Después de esta cita no pueden quedar dudas de que no hay ni puede haber ningún truco o ardid en la presentación de sus ideas, y que el *TTP* está fundamentalmente destinado a una separación entre dimensiones que corta de cuajo la unidad metafísica previa: «Quienes no saben que la filosofía y la razón son distintas [de la teología] disputan acerca de si la Escritura debe hacerse sirvienta de la razón, o la razón de la Escritura; esto es, si el significado de la Escritura debe acordar con la razón o si la razón con la Escritura. Esto último es defendido por los escépticos, que niegan la certeza de la razón; lo primero por los dogmáticos. Tanto unos como otros están, como he mostrado, completamente equivocados, pues ambas opciones requerirían la manipulación ya sea de la razón o de la Escritura» (Capítulo XV, pág. 190).

Esta separación, por lo demás, descartaría ese movimiento típico del materialismo post-espinosiano –o también del hegelianismo– que promueve la suplantación de la religión en aras de una 'filosofía de la religión' (en *El Animal Divino*, por ejemplo). Como aquí decreta Espinosa, la cuestión no puede ser nunca de una absorción, sino, en todo caso, de cómo, una vez diferenciadas la dimensión intersubjetiva y objetiva, se relacionan en casos concretos. Desde luego tampoco sería una cuestión de que el dominio transpersonal haya de ser cancelado toda vez que la razón ha culminado y se concentra 'en determinados sujetos', como también expone Bueno en la obra recién mencionada y como tampoco se compadecería con la aproximación de Espinosa al conocimiento (en su tercer tipo). Y huelga decir que tampoco significaría que lo transcendente ha cesado.

La separación entre las esferas intersubjetiva y objetiva (o de los lados de fuera de las dimensiones) no será acaso siempre perfecta en Espinosa, pero sí es bien manifiesta. Es verdad que, pese a distinguir inicialmente entre dos acepciones de ley, a saber, entre la física y la moral, también tiende después a convergerlas. Así, cuando en el pavorosamente desmitificador tratamiento de los milagros del Capítulo V, Espinosa habla de las leyes eternas de la Naturaleza identificadas con Dios, habría pasado por alto que, primero, en la naturaleza, si hay 'leyes', estamos aún lejos de conocerlas bien (sin menoscabo del comprensible optimismo racional de la época), y, segundo, que el universo moral, donde el Dios bíblico tiene aplicación, la 'eternidad' de la leyes no aparece de un modo claro y distinto porque las situaciones –como el propio Espinosa demuestra magistralmente– son diversas. Tal vez, como señalamos de entrada, en este estudio habría que revertir esta confusión al término 'Dios', es decir, a la confluencia de dos tradiciones diversas de pensamiento, y así de dos nociones muy distintas, y no entreverables, de eternidad. La idea hebrea de eternidad posee un sentido escatológico, de futuro espiritual y de *telos* subjetivo e intersubjetivo (moral) apuntando a lo infinito –como ha estimado Levinas del modo más elocuente–, netamente distinta de la eternidad del *cosmos* griego, anclada en la *physis*.

Capítulo 10
Autoridad y potestad en Espinosa

Aunque el *Tratado Teológico-Político* no está dividido en Partes como la *Ética*, puede fácilmente partirse en dos grandes secciones, una dedicada a 'lo teológico' (capítulos I-XIII) y otra a 'lo político' (capítulos XVI-XX) –que continuaría o recomenzaría posteriormente en el *Tratado Político*–, amén de dos capítulos bisagra que han sido de nuestro interés porque en ellos se establece una diferenciación fundamental que ha sido muchas veces ignorada o malinterpretada. El nexo entre ambas partes es, en fin, el establecimiento de un orden moral y político que, en el primer caso, viene dado por 'la Revelación', es decir, por las Sagradas Escrituras, y, en el segundo, por la razón natural.

El tema que se impuso Espinosa en el *TTP* obligaba a muchas aclaraciones preliminares, especialmente en el terreno de la crítica bíblica histórica, pero su meta principal es recalar en la necesidad de un orden intersubjetivo, mientras que la *Ética*, por su parte, orilla en lo filosófico, en la búsqueda libre de la verdad y en la dispensa de consecuencias políticas a causa de ello siempre y cuando uno respete el orden político vigente. Hemos señalado que esta distinción está en el trasfondo de la discusión acerca de la Filosofía y la Revelación espinosiana, y que ambas jamás pueden fundirse en una sola. Este sería un punto crítico pues si bien por un lado la filosofía moderna se caracteriza por esta diferenciación entre 'esferas de valor', como las llamaba Max Weber, tal que comienza a roer la unidad del pabellón metafísico, por otro lado también lleva consigo la inercia de una unidad o en todo caso se inclina hacia una concepción unitaria que podríamos calificar de objetivista en el sentido de que quisiera reducir las dimensiones subjetiva e intersubjetiva a la más cómoda (científica), manejable y mensurable objetividad. Pese a las apariencias y malentendidos subsiguientes, Espinosa se sitúa más en la primera posición –que es lo mejor de la modernidad– que en la segunda –que es lo peor–, sin menoscabo de que no lograse dilucidar algo así como una razón intersubjetiva, que sólo ha sucedido en tiempos recientes, especialmente tras el trabajo de Habermas. Hemos visto también que Espinosa no entiende 'Revelación' como lo transcendente en cuanto tal, indicando así una prevalencia de lo inmanente que no es tampoco absoluta a causa de la ciencia intuitiva como tercer tipo de conocimiento y en el fondo por la Naturaleza misma, que tiene un componente creativo tan reconocible como inextinguible.

Ya para terminar este opúsculo nos dirigiremos a examinar la idea de que, en la medida en que predomina lo inmanente y en tanto que su propuesta filosófica no atina con una razón intersubjetiva genuina, Espinosa se ve forzado, en lo político, a postular una relación individuo-soberano típicamente moderna y hobbesiana[84], carente de formaciones intersubjetivas, y por ello aparentemente clara pero plagada, cómo no, de problemas y lacras. La razón natural que Espinosa utiliza en la segunda sección del *TTP* para su análisis de lo que es políticamente más cabal y que continúa en el *TP* no es una razón intersubjetiva sino más bien objetivizante, lo cual, paradójicamente, acusa una deficiencia en objetividad. Éste es un efecto que uno pensaría que se ha estudiado como tal tras varios siglos de empeño objetivista moderno en el tratamiento de los temas más diversos, pero tal vez no hemos acertado aún a comprenderlo lo bastante porque la reacción postmoderna inmediata al objetivismo moderno no ha poseído instrumental suficiente para desvelarlo, estando como está tan opuesto a cualquier tipo de objetividad. En este sentido no debe sorprendernos que quienes más se han acercado a comprenderlo han sido quienes todavía se mantenían en la órbita de la metafísica o de un entendimiento tradicional en política, previo a la simplificación objetivista moderna.

Quizá la vía más expedita para el tratamiento de la cuestión de la autoridad y la potestad en Espinosa consiste en recordar que, en la dimensión intersubjetiva –claramente delineada por él, hasta el punto de que la separación de ésta con respecto de la búsqueda de la verdad

---

[84] Sobre la influencia de Hobbes sobre Espinosa, cfr. nota 22.

objetiva es seguramente la causa fundamental de la deyección que padeció en su vida así como de modo postrero–, se produce, como en el resto de dimensiones, una dinámica dialéctica entre el lado de dentro y el de fuera, o entre lo transcendente y lo inmanente. Es por ello que, por más queramos ocultarlo en aras de la claridad conceptual, siempre puede acusarse una instancia transcendente a lo establecido políticamente, y por lo que el tema tanto de la obediencia como de la soberanía está constitutivamente agrietado. Si, por ejemplo, el ideal de justicia no transcendiese siempre la letra vigente de la ley no habría razón alguna para cuestionar ningún tipo de norma o de poder; en realidad, jamás habríamos salido de una situación de poder monolítico, que por lo demás es completamente utópica e inexistente.

En el fondo, ésta es la cuestión de la autoridad y de su relación con el poder. El poder, en abstracto, existe. Es necesario e ineludible. Pero, ¿cómo se guía? ¿Bajo qué consejo? La autoridad es, en principio, esta instancia de saber que se alza, momentáneamente tan solo quizá, individualmente acaso, o incluso colectivamente y de modo institucionalizado, sobre eso que el poder vigente ha determinado. Por muy pasajera que sea, o por muy pronto que sea aplastada, o por muy deficientemente que se presente en tono, fondo o forma, la existencia de la autoridad no puede negarse. Pero resulta casi imposible percibirla si nuestra concepción política está diseñada de un modo objetivizante, de acuerdo con la cual no existe una dialéctica entre lo inmanente y lo transcendente y el examen político se reduce a una perspectiva de tercera persona que descuenta las dinámicas de la segunda, del nosotros.

Como ya hemos apuntado, no deja de ser interesante que Espinosa alumbrase una concepción de la autoridad tan sólida como la que demarca en su asombroso examen histórico de la primera comunidad judía tras el Éxodo, y que califica de ideal –aunque a la postre, por diversas circunstancias que detalla minuciosamente, resulte insostenible– para después olvidarla en cuanto comienza a tratar de lo político bajo la luz de la razón natural. Espinosa se pregunta explícitamente si aquella situación primitiva era susceptible de retornar, pero su respuesta es negativa porque según él los ejes de aquellos cimientos eran ya de por sí inestables. Ello no obstaría, al menos bajo nuestro de punto de vista, para considerar la importancia teórica de la separación entre la autoridad y la potestad, si no acaso para soñar con otros arreglos prácticos entre ellas.

Podría también aventarse la pregunta de por qué Espinosa quiso enfocar lo político bajo la luz natural de la razón si ya la Revelación había provisto todo lo preciso para la piedad y la obediencia que él entendía como fundamentales. Es presumible que Espinosa pensara que una aproximación objetivante –confundida con la razón en general, sin distinguir, al modo metafísico, entre razón subjetiva (estético-religiosa), intersubjetiva (moral), objetiva (científica) e interobjetiva (técnica), cada cual con su propia dialéctica interna entre los lados– poseía una claridad ínsita que aportaría algo diferencial. Desde nuestra atalaya privilegiada por el paso del tiempo, habría que atribuir tal claridad al ámbito histórico-filosófico en que se desenvolvió, típico de la modernidad y del descartismo (entre otras influencias, muchas de las cuales serían de naturaleza interobjetiva, es decir, consistentes en desarrollos técnicos y económicos que no serían aún ni aparentes ni había manera de estudiarlos). Su método de la 'razón natural' es pues objetivizante pero su base es subjetivista, como en su admisión, algo matizada, del mito –precisamente anti-intersubjetivo– del estado natural, que se ancla en el poder individual y en el otorgamiento de tal poder a 'un soberano'.

Es verdad que Espinosa califica la transferencia del poder desde el individuo al soberano de situación 'idealizada' (comienzo del Capítulo XVII del *TTP*), lo cual constituye una intuición nada desdeñable teniendo en cuenta la premura con que otros filósofos políticos contractualistas modernos se apresuraron a tomarla por real, pero en todo caso cimienta todo su planteamiento. De ahí que la discusión acerca de la naturaleza de la obediencia en Espinosa resulte a fin de cuentas algo tosca, al menos a ojos de hoy: no revela distintos niveles de sociabilidad y de interés; de deudas contraídas entre individuos, grupos, estamentos o clases; de circunstancias o grados de poder efectivo; de génesis históricas diversas; de sugestionabilidad, presión o coacción difícilmente reducibles a un paradigma fisicalista; o, como decíamos, de influencias del mundo tecnológico en la conformación de los distintos tipos de obediencia, entre tantos otros factores moldeadores del comportamiento moral, social y político.

Para Espinosa, la relación de poder es sencillamente de individuo a soberano y viceversa, lo cual por supuesto posee la ventaja de subrayar hasta qué punto ésta es determinante (en oposición, por ejemplo, a cierto postmodernismo que vive como si el poder no existiese o como si no existiese ninguna tensión entre súbditos y gobiernos o entre poderes internacionales). Más aún, esta simplificación pone el dedo en la llaga sobre esa prodigiosa contradicción de los gobiernos de la izquierda postmoderna que quieren ser estado puro en el poder y, a la vez, súbdito en permanente rebeldía, no siendo, por lo tanto, ni lo uno ni lo otro. En la España reciente se han dado casos de incitación por parte del propio gobierno a la población para rebelarse contra alguna política, lo cual no deja de ser una pizca esquizoide. Casi tan llamativo como esto es que las otras ideologías (conservadora, liberal, progresista pequeñoburguesa) apenas acusen este disparate, lo que evidencia que todas ellas son, en el escenario político, mera pantomima y que lo único que importa es la preservación de un régimen de poder en definitiva sustentado por sus mutuas –y con frecuencia vacuas– desafecciones.

Tampoco deberíamos pasar por alto que, pese a los defectos en la primera comunidad judía que Espinosa repasa después, su establecimiento es visto como una auténtica proeza política, y una marcada por el signo de la teocracia. En este sentido, Espinosa es inequívoco, de modo que no obstante su inacabada disertación acerca de la democracia como el régimen político óptimo para la libertad comenzada en el *TP* no ha de perderse de vista que el Capítulo XVII del *TTP* esboza una situación política estable y equilibrada en la que las distintas funciones que cumplen el propio Moisés «como encargado de consultar a Dios e intérprete de sus mandamientos», Aarón como primera autoridad religiosa y Josué como comandante del ejército (en tanto que había un territorio que conquistar, pues de otro modo los jefes eran aún los capitanes de cada tribu), designan un régimen que Espinosa denomina aptamente teocracia, pues «sus ciudadanos no estaban atados a nada salvo las revelaciones de Dios» (pág. 220, ed. cit.).

De acuerdo con Espinosa, el sistema original hebreo de división entre *auctoritas* (religiosa) y *potestas* acabaría tambaleándose por una cierta laxitud en el ejercicio de la autoridad por parte de los levitas, algo inevitable una vez que la situación de los hebreos no era de lucha y de búsqueda de un asentamiento. El pueblo israelita habría dejado de comprender los privilegios de esta tribu, que por otro lado empieza también a acumular más poder. De nuevo según Espinosa (págs. 233-234), la Biblia contempla retroactivamente este deslizamiento gradual expresando (a través de Ezequiel) que fue Dios quien dio al pueblo, desde el comienzo, leyes adulteradas para que se sepa quién es Él verdaderamente. Originalmente no tenían que haber sido los levitas los depositarios de la autoridad religiosa sino los primogénitos de cada familia, pero como éstos adoraron al becerro de oro y los levitas se abstuvieron de ello, estos últimos acabaron detentándola. Fue esta circunstancia originaria la que habría puesto una traba en la maquinaria política que, corriendo el tiempo, desencadenó su ruina, puesto que, olvidando la conexión directa del pueblo con las revelaciones de Dios, acabó optando por reyes u otorgando demasiado poder a los sumos sacerdotes. En ambos casos, una confusión *auctoritas-potestas* que no era la planeada y establecida al comienzo.

La marcada delineación a que hemos aludido varias veces entre la necesidad de la piedad en los actos, por un lado, y de la libertad en el pensamiento, por el otro, está siempre en el trasfondo de la discusión de Espinosa en *TTP*. Aunque en el Capítulo XIX sugiere que «la religión adquiere su fuerza exclusivamente a través de los decretos del soberano», que parece apuntar al imperio de una sanción secular que desprovee de autoridad religiosa a cualquier otra institución o sujeto, Espinosa se refiere exclusivamente a la observación externa de la piedad para la paz y el bienestar común y no a la piedad en sí misma (interior, subjetiva), que antes, citando a San Pablo, había declarado como «ley inscrita en los corazones, o en la carne». Acaso en este sentido exteriorista de piedad habría que entender también la idea de que el soberano secular es el único que puede interpretar la religión por ser el único que puede sancionar las leyes. De todos modos, el peligro se cierne rápidamente si un soberano cualquiera (monárquico, democrático) es el único que puede interpretar la religión, pues no parece probable que tal soberano otorgue libertad de expresión de interpretaciones alternativas, por muy 'teóricas' que sean. Esto no sería lo principal para Espinosa, pues su propuesta trata solamente de tipos, y teóricamente sí es posible que la 'interpretación' del poder secular se restrinja a lo que deben *hacer* los ciudadanos y no cómo deben *pensar*, pero en la práctica algo así es poco probable.

Lo que me interesa resaltar, en cualquier caso, es que una vez que Espinosa trata el tema político bajo la luz de la razón natural parece prescindir de una división de papeles que había alabado en la primera comunidad judía, es decir, establecida por la Revelación, y que, de acuerdo con la terminología latina, tiene gran parentesco con la diferencia entre la *potestas* y la *auctoritas* que fue clave en el desarrollo político europeo durante la Edad Media. En el Capítulo XIX, Espinosa escribe que «para que las verdaderas doctrinas de la razón, es decir –como mostramos en el Capítulo IV– las doctrinas verdaderamente Divinas, puedan obtener absolutamente la fuerza de la ley y del derecho, fue necesario que cada individuo ceda su derecho natural y lo transfiera ya sea a la sociedad en conjunto o a cierto cuerpo de hombres, o a un hombre. Entonces, y solamente entonces, comprendemos qué es la justicia y qué la injusticia, qué es la igualdad y qué desigualdad» (págs. 246-247). Lo que llama la atención de este pasaje y de su línea argumentativa no es tanto la mítica transferencia de cada individuo a alguna entidad con sustancia política, que podría mantenerse siempre que se entienda que es un mito ocultador de un proceso esencialmente intersubjetivo que habría que aclarar ulteriormente, sino que en la situación original descrita por las Escrituras, siendo verdad que esta transferencia se produce dirigida a Moisés, hay una separación al menos tan original que ésta según la cual los capitanes de cada tribu retienen el poder ejecutivo y militar mientras que la tribu de los levitas, encabezada inicialmente por Aarón, obtiene la autoridad religiosa, siendo esta división decisiva para el bienestar de su 'estado' (sin menoscabo de que, como vimos, retroactivamente los escrituristas considerasen que hubiese sido mejor que la *auctoritas* hubiese permanecido con los primogénitos de cada familia).

Espinosa parece no recordar ya lo que él mismo había expuesto: «Moisés, como hemos mostrado, no dejó ningún sucesor a su dominio, sino que distribuyó sus prerrogativas de tal modo que quienes vinieron después parecían, por así decir, regentes que administran el gobierno cuando el rey está ausente pero no muerto» (pág. 251). En suma, la presentación de Espinosa bajo la luz de la razón natural ya no distingue entre *auctoritas* y *potestas*. Su rechazo de esta línea de pensamiento carece de toda ambigüedad: «No me detengo a considerar los argumentos de quienes quieren separar los derechos seculares de los espirituales, colocando los primeros bajo el control del soberano y los últimos bajo el control de la Iglesia católica, pues tales pretensiones son demasiado frívolas como para merecer refutación» (pág. 251).

La causa de este encubrimiento podría desgranarse en torno a dos consideraciones. Por un lado, la razón natural (según Espinosa) no trasluce nada que se parezca a algo transcendente, cosa que no era el caso, como observó el propio Espinosa, con la Revelación, pues en ella, como señalamos, cada cual mantiene siempre la libertad de la obediencia –aunque suene paradójico– a Dios. Por otro lado, esta razón natural tiene un tinte predominantemente objetivista y por lo tanto encubre la dinámica dialéctica de la razón comunicativa intersubjetiva, allí donde no puede, en realidad, comenzarse por una mítica transferencia de individuo a soberano sino que hay que hacerlo directamente por un nosotros. Dada la fuerza de los siglos y cuánto y cómo se ha reiterado este mito, este entendimiento individualista, atómico y abstracto de la política (en el fondo, de todo, pues también se ha inyectado en la subjetividad), sería fácil subestimar su impacto y la dificultad de partir desde una premisa enteramente distinta.

Nadie dice que la autoridad de una Iglesia espiritual y universal, toda vez que ha de estar imbricada en y sostenida por alguna suerte de poder temporal, no carezca asimismo de inconsistencias, que podrían seguramente asimilarse a las descritas por Espinosa en su Capítulo XVII acerca de la desintegración final de la primera comunidad hebrea. Ahora bien, ello no refuta la idea de la deseabilidad de alguna forma de autoridad o sapiencia anclada en lo espiritual y girada hacia lo transcendente, ni tampoco, de hecho, rebate su existencia, por muy dispersa o desinstitucionalizada que esté en determinados momentos históricos. Intersubjetivamente, siempre existe una instancia transcendente a partir de la cual se contempla la realidad mordiente y se procura transformarla. Si la institucionalización de la autoridad no es ninguna panacea, la negación de esta dialéctica tira más bien a lo suicida, pues significaría acatar acrítica y absolutamente, sin rodeos, *cualquier* situación de poder.

La falta de distinción entre estos dos polos dialécticos, que en última instancia equivalen a la confrontación filosófica entre derecho positivo y natural –el primero siempre queriendo absorber el segundo–, conduce inexorablemente a la idea de que los derechos del sacerdocio han dependido siempre del poder soberano (pág. 252) y de que no hay diferencia entre lo secular y lo espiritual, con el poder como único rasero. La conclusión es obvia: «Quienquiera pretenda privar al poder soberano de derechos espirituales, tiene en el fondo el deseo de dividir el dominio» (pág. 252). Si esto fuese así, sin embargo, sería imposible que se produzca novedad alguna jamás, o, dicho de otro modo, sería imposible la encarnación de lo transcendente o promover forma ninguna de espiritualidad, pues algo así implica necesariamente una ruptura, por mínima que sea, del orden. Lo espiritual, en tanto que *es* constitutivamente transformación, descansa sobre esta confrontación y transcendencia con lo dado. Y en tanto que la transformación, el cambio o lo nuevo es real, es difícil ver cómo la proposición de que no lo sea conduzca a alguna meta cabal, no digamos ya beneficiosa.

Espinosa anticipa esta reserva, pero no la solventa: «Quizá se me pregunte, 'Pero si los detentadores del poder soberano eligen ser malvados, ¿quién será el campeón de la piedad? ¿Deben los soberanos ser todavía sus intérpretes únicos?' A lo que contesto con una contrapregunta: 'Pero si los eclesiásticos –que son también humanos y ciudadanos privados y que deberían mirar sólo por sus asuntos– u otros a quienes se propone delegarles la autoridad espiritual, eligen ser malvados, ¿debería aún considerárseles los más aptos intérpretes de la piedad'?» (pág. 253). Su contrapregunta apunta sin duda a un problema real, y posiblemente insoluble en la práctica, de la relación entre lo espiritual y lo dado, o entre lo transcendente y lo inmanente, pero ello no significa que su tensión deba cancelarse en aras de un encaje con uno solo de ellos. El problema permanece. Si es verdad que «los verdaderos ministros de la Palabra de Dios son los que enseñan la piedad a la gente en obediencia a la autoridad de los gobernantes soberanos mediante cuyos decretos la obediencia ha sido traída en conformidad con el bien común», no se explica qué inconveniente hay en que autoridad y potestad estén separados en dos cuerpos que, sin duda conflictivamente, pues ésa es en realidad la naturaleza de esta dinámica, se controlarían el uno al otro.

La explicación ulterior de Espinosa acerca de por qué hay «tantas disputas sobre los derechos espirituales en los Estados cristianos», y no así en la historia del judaísmo, no da en el clavo porque ignora la confluencia del derecho romano, que es de donde parte la distinción jurídica entre la *auctoritas* y la *potestas*; porque lo achaca a meras circunstancias sociales –el cristianismo primitivo generándose fuera del poder secular– y no morales; o, más aún, porque no tiene presente el trasfondo quintaesencial del juicio, sentencia y crucifixión de Jesús, en que se evidencia hasta qué punto un reino que «no es de este mundo» y que aspiraba a la transformación interior puede resultar políticamente subversivo. Dada la admiración que Espinosa profesaba por Jesús, pero así también la contundencia con que defiende el orden políticamente dado, intriga saber cómo solucionaría Espinosa el dilema de habérselo planteado.

El Capítulo XX, plenamente dedicado a la reivindicación de la libertad de pensamiento, no está en contradicción directa en el plano teórico con la reivindicación de la obediencia al poder legal descrita en el XIX, pero en la práctica sí se produce un roce, como el propio Espinosa experimentó en sus carnes. La distinción entre sus esferas teóricas no excluye que se relacionen, ello suponiendo –que es mucho suponer– que la búsqueda de la verdad no tenga que ver con lo moral. La libertad de pensamiento en un marco político es concebible no sólo si se procuran suficientes intentos en esa dirección, que van dejando una marca y una trayectoria que al final acabe siendo mayoritaria y se convierta en norma –lo cual implicaría, al comienzo, una profanación del dominio del poder azuzada por la visión de algo que le trasciende normativamente–, sino también si el soberano está él mismo suspendido sobre un derecho ideal por encima suyo al que es siempre posible apelar. La compresión de la autoridad en el molde de la potestad, empero, descarta tal cosa. Espinosa parece darse cuenta del terreno resbaladizo que pisa cuando escribe: «Es verdad que el poder soberano tiene el derecho de tratar como enemigos a todos los hombres cuyas opiniones, en cualesquiera materias, no coincidan con la suya; pero no estamos discutiendo sus derechos estrictos, sino su cauce de acción más apropiado. Asiento en que tiene el derecho de gobernar de la manera más violenta y de enviar a sus ciudadanos a la muerte por las causas más triviales, pero nadie supone que pueda realizarlo con la aprobación de un sano juicio. No, en tanto que tales cosas no pueden hacerse sino con grave peligro para uno mismo, podemos incluso negar que tiene el poder absoluto para hacerlo, o, consecuentemente, el derecho absoluto, puesto que los derechos del soberano están limitados por su poder» (pág. 258). Lamentablemente, la experiencia histórica del siglo XX, cuando el ideal estatal moderno alcanza su paroxismo, nos enseña que la apelación al sano juicio o a suposiciones de que nada parecido podría suceder es radicalmente insustancial.

Más tarde (pág. 263), Espinosa exclama de nuevo por la libertad de expresión, pero es como si no se hubiese percatado de que ya se la había entregado al soberano. Es como si la acción no siguiese al pensamiento; como si ambas no estuviesen estrechamente vinculadas. El mejor sistema de gobierno es la democracia porque en él domina la mayoría, pero la mayoría podría estar sacada de quicio o manipulada, y, en su propuesta, no habría manera de transcenderla, ni en el pensamiento ni por supuesto en la acción.

En el tratamiento de Espinosa se producirían, en fin, transferencias de aquello que pertenece a la intersubjetividad, a lo colectivo, a lo común, a costumbres de una variedad mareante tanto horizontal como verticalmente, hacia un soberano hipostático, es decir, más irreal o idealizado que real y material. En efecto, en la idea moderna del estado –la de Espinosa incluida– hay una especie de unificación, entificación o sustantificación que subsume la diversidad inherente a lo intersubjetivo en una subjetividad ocultada por la presentación objetivista proveniente de un método considerado, sin más, racional, como si lo anterior no fuese también fruto de la Naturaleza y por tanto cargado de su propias razones. Por más que se pluralice ('los derechos', u otras expresiones similares como 'las autoridades'), la hipóstasis está realizada y conseguida.

Sin menoscabo de su habitual lucidez, el *Tratado Político* tampoco deja de ser un compendio de idealizaciones que no acaba de casar con la idea nuclear de Espinosa de mirar y comprender la realidad tal como es. Lejos de describir la realidad tal como ha ido deviniendo,

Espinosa se inclina más bien a informarnos de cómo debería ser, lo cual resulta, con franqueza, bastante decepcionante. Encontramos una ambigüedad parecida en el materialismo subsiguiente, que, paradójicamente, creyendo haber eliminado lo ideal, concurre en idealizaciones aún más groseras sin saber, con todo, que lo son. El supuesto realismo político de la eutaxia como principio fundamental adolece de una combinación de abstracción y simplificación típicamente estatal o estatalista, que no se compadece ni con la realidad histórica ni con una visión ideal, pero racional, del futuro, y a la que desde luego no puede atribuirse ninguna 'catolicidad' (como pretenden en el Materialismo Filosófico), siendo más bien de factura historicista. Si la Ley, como creía Espinosa, estaba en última instancia inscrita en los corazones, no parece lógico confundirla con lo que el legislador de turno decide en determinado momento de acuerdo con criterios inmensamente más bajos, por más que éstos logren una perduración eutáxica más duradera.

En Totnes, agosto-octubre 2023

Bibliografía

Albiac, Gabriel. *La Sinagoga Vacía*, Tecnos, 2018

Badiou, Alain. *Being and Event*, Continuum, 2005
--- *Logics of Worlds*, Bloomsbury, 2009

Blumenberg, Hans. *The Legitimacy of the Modern Age*, MIT Press, 1983

Bueno, Gustavo. *Ensayos Materialistas*, Taurus, 1972
--- *El Animal Divino*, Pentalfa, 1996
--- *El Ego Transcendental*, Pentalfa, 2016

Derrida, Jacques. *Fuerza de Ley*, Tecnos, 2008

Descartes, Renato. *Los Principios de la Filosofía*, RBA, 2002

D'Ors, Álvaro. *Derecho y Sentido Común*, Civitas, 2001

Escohotado, Antonio. *Caos y Orden*, Espasa 2001

Freud, Sigmund. *Obras Completas, Vol. XXI*, Amorrortu Editores, 1976

Frye, Northorp. *The Great Code: The Bible and Literature*, Harcourt Brace Jovanovich Publishers, 1982

Gebser, Jean. *The Ever-Present Origin*, Ohio University Press, 1985

Graeber, David. *Debt*, Melville House, 2011

Habermas, Jürgen. *Teoría de la Acción Comunicativa*, Taurus, 1992

Hegel, G.W.F. *La Fenomenología del Espíritu*, Pre-Textos, 2009

Hobbes, Thomas. *Collected Works*, Delphi Classics, 2019

Israel, Jonathan. *Radical Enlightenment: Philosophy and the making of Modernity, 1650-1750*, Oxford University Press, 2001

Jiménez Lozano, José. *Los Cementerios Civiles*, Taurus, 1978.

Kalupahana, David. *A History of Buddhist Philosophy: Continuities and Discontinuities*. University of Hawaii Press, 1992.

Kierkegaard, Søren. *Journals and Papers, Vol. 3.2*, Indiana University Press, 1975

Levinas, Emmanuel. *Totalidad e Infinito: Ensayo sobre la Exterioridad*, Sígueme, 1977

Maestro, Jesús G. *Crítica de la Razón Literaria*, Academia Editorial, 2017

Maquiavelo, Nicolás. *Obras Políticas*, Gredos, 2011

McIntyre, Alasdair. *After Virtue: A Study in Moral Theory*, University of Notre Dame Press, 2007

Pascal, Blaise. *Pensamientos*, Tecnos, 2018

Peña, Vidal. *El materialismo de Spinoza: Ensayo sobre la Ontología Spinozista*, Revista de Occidente, 1974

Rodríguez de Peñaranda, Miguel. *La Gran Alternancia: hacia un nuevo mapa del conocer*, Biblioteca Nueva, 2010
--- *El Budismo: una perspectiva histórico-filosófica*, Kairós, 2012
--- *Filosofía y Revelación*, Manuscritos, 2021

Santayana, George. *Realms of Being*, Charles Scribner's Sons, 1942

Schmitt, Carl. *The Leviathan in the State Theory of Thomas Hobbes*, Greenwood Press, 1996

Skinner, Quentin. *The Foundations of Modern Political Thought*, Cambridge University Press, 1978

Smith, Morton. *Clement of Alexandria and a Secret Gospel of Mark*, Harvard University Press, 1973
--- *Jesus the Magician*, Barnes&Noble Books, 1978

Spinoza, Baruch. *Ética demostrada según el orden geométrico*, Tecnos, 2017
--- *Works of Spinoza, Vol. I: Theologico-Polical Treatise and Political Treatise*, Dover, 1951
--- *Obras Completas. Biografías*, epublibre, 2018
--- *Tratado Teológico-Político*, epublibre, 2015

Sri Aurobindo. *The Life Divine*, Sri Aurobindo Ashram Trust, 1977

Strauss, Leo. *Spinoza's Critique of Religion*, University of Chicago Press, 1965

The Long Discourses of the Buddha, Wisdom Publications, 1995

The Middle Length Discourses of the Buddha, Wisdom Publications, 2001
The Numerical Discourses of the Buddha, Wisdom Publications, 2000
The Connected Discourses of the Buddha, Wisdom Publications, 2012

Trackl, Georg. *Obras Completas*, Trotta, 2000

Wilber, Ken. *Los Tres Ojos del Conocimiento*, Kairós, 1998
--- *The Religion of Tomorrow*, Shambhala, 2017

Żiżek, Slavoj. *El Sexo y el Fracaso del Absoluto*, Paidós, 2017